在浴室里改变世界

意想不到的天才

［土耳其］法提赫·迪克曼博士［土耳其］泽伊内普·塞维德 / 著
［土耳其］伊尔玛·日米里奇·切廷卡亚 / 绘　谭莹 / 译

中信出版集团 | 北京

图书在版编目（CIP）数据

在浴室里改变世界：意想不到的天才 / (土) 法提赫·迪克曼博士, (土) 泽伊内普·塞维德著；(土) 伊尔玛·日米里奇·切廷卡亚绘；谭莹译. -- 北京：中信出版社, 2023.10

ISBN 978-7-5217-5351-6

Ⅰ. ①在… Ⅱ. ①法… ②泽… ③伊… ④谭… Ⅲ. ①名人－生平事迹－世界－儿童读物 Ⅳ. ①K811-49

中国国家版本馆CIP数据核字(2023)第026637号

在浴室里改变世界：意想不到的天才

著　　者：［土耳其］法提赫·迪克曼博士　［土耳其］泽伊内普·塞维德
绘　　者：［土耳其］伊尔玛·日米里奇·切廷卡亚
译　　者：谭莹
出版发行：中信出版集团股份有限公司
（北京市朝阳区东三环北路27号嘉铭中心　邮编　100020）
承 印 者：北京瑞禾彩色印刷有限公司

开　　本：889mm × 1194mm　1/8　　印　　张：14　　字　　数：220千字
版　　次：2023年10月第1版　　印　　次：2023年10月第1次印刷
京权图字：01-2023-0227
书　　号：ISBN 978-7-5217-5351-6
定　　价：68.00元

出　　品：中信儿童书店
图书策划：好奇岛
策划编辑：范子恺
责任编辑：陈晓丹
营　　销：中信童书营销中心
封面设计：彭小朵
内文排版：王莹

这本书属于：

....

·目录·

32 装疯卖傻的科学家：
伊本 · 海瑟姆

35 人类心脏的解读医师：
伊本 · 纳菲斯

36 深谙哲学的医学家：
伊本 · 西拿

39 革命家、艺术家、医学家：
何塞 · 黎萨

41 勤勉博学的教育家：
孔子

43 充满智慧的星盘大师：
玛利亚姆 · 奥斯特拉比

44 石材美学艺术家、
建筑大师：
米玛尔 · 锡南

46 海洋之王与制图大师：
彼利 · 雷斯

48 儿科医生第一人：
艾卜 · 伯克 · 阿尔 – 拉齐

50 钟爱苍穹的君王：
乌鲁伯格

53 美好世界的缔造者：
兹尔雅布

55 计算机程序之母：
艾达 · 洛芙莱斯

56 第一导师：
亚里士多德

女校长第一人：法蒂玛·菲赫利

法蒂玛·菲赫利出生于突尼斯，后来随家人移居摩洛哥。她的父亲受过良好的教育，非常富有，远近闻名。他竭尽全力为女儿提供良好的学习机会。然而在法蒂玛看来，普通人也应该享有同等的受教育权利。于是一个伟大的想法闪现在她的脑海里。她打算办一所学校，教授宗教课程和科学课程，就像古希腊的哲学学校一样。这成了她梦寐以求的愿望。后来，她把梦想变成了现实，创办了位于摩洛哥非斯城的卡鲁因大学，这所大学也是一座清真寺。当然，开办学校并不是一件轻而易举的事情。法蒂玛需要大量的资金，为了梦想，她不惜倾尽所有。她的姐妹玛利亚姆向她伸出了援手。在法蒂玛 59 岁的时候（859 年），她终于梦想成真。这所学校也成了世界上最古老的大学之一。

博洛尼亚大学是公认的欧洲最古老的大学，而卡鲁因大学的历史比它还要早200多年。卡鲁因大学不仅开设宗教课程，还开设医学、天文学、历史和地理等课程。学生们都有奖学金。在这里学习过的学生把数字“0”带到了欧洲，并在那里从事教学工作。

突尼斯
凯鲁万

法蒂玛·菲赫利
出 生 地： 凯鲁万
出生国家： 突尼斯
出生日期： 800年
身　　份： 教育家、政治家、学校创始人

亚历山大城

希帕蒂亚

出 生 地： 亚历山大城

出生日期： 约 370 年

身　　份： 哲学家、数学家、天文学家

希帕蒂亚出生于亚历山大城，并在这里长大，著名数学家欧几里得曾到访过这个城市。

希帕蒂亚的父亲赛翁也很有名，他发明了星盘。

希帕蒂亚生活的时代，罗马帝国正逐步走向衰落，整个国家的教育水平非常低下。希帕蒂亚为当时的科学事业做出了巨大的贡献，成为世人的启明星。她曾尝试通过理性、数学和实验来解释大自然。

让世界爱上数学的天才：希帕蒂亚

约公元 370 年，希帕蒂亚出生于亚历山大城。她是当时著名数学家赛翁的女儿，从小接受父亲的启蒙教育。赛翁是个好老师，亲自教导女儿学习艺术、文学、哲学、宗教、天文学和数学等方面的知识。他们生活的城市里，有馆藏丰富的博物馆和图书馆，但随着希帕蒂亚慢慢长大，她不满足于自身所学，想要更好地了解这个世界，于是踏上了一段漫长的求学之旅。希帕蒂亚曾在罗马和雅典学习过一段时间。几年后，她又回到了亚历山大城，这时的她已经不再是当年那个小女孩，而是成了一名知识渊博、谈吐不凡的年轻学者。她成为亚历山大城图书馆新柏拉图学园的主持人，教授数学和哲学。她的讲学远近闻名，给很多年轻人带来了深远的影响，她也因此深受学生的爱戴。但是，一些人将其视为眼中钉，最终残忍杀害了她。多亏了她的学生和她所写的著作，希帕蒂亚的名字和事迹才流传至今。

希帕蒂亚还写下了数学和天文学方面的书。

丹吉尔

伊本·拔图塔
出 生 地：丹吉尔
出生日期：1304 年
身　　份：旅行家、作家

住在宫殿里的旅行家：伊本·拔图塔

伊本·拔图塔出生在风景秀美的海滨城市丹吉尔。20 岁之前，他从未离开过这里。21 岁那年，他对父母说要去麦加朝圣，并得到了他们的允许。在从摩洛哥去麦加的途中，他游历了不同国家，认识了形形色色的人，收获了各种见闻，所有的这一切都让他印象深刻，于是他决定继续他的世界旅行。他又去了埃及、波斯、中国、印度，甚至到了土耳其的伊斯坦布尔，足迹遍及半个地球。不要忘了，在拔图塔生活的时代，没有自行车、汽车和飞机，他本人也并不富裕，所以整个旅程充满了艰辛。不过，他聪明博学，而且对人友好，结交甚广，在很多到访的城市里，都受到了当地王室的盛情接待。

他在各地游历时，喜欢结识当地人，研究他们的艺术，学习他们的文化，并把这些都记录下来，最终形成了 1000 多页的游记。在当时那样一个除了书信没有其他任何通信方式的时代，伊本·拔图塔向人们展示了其他国家的文化和生活。原本故步自封的人们开始通过他了解这个世界。他是旅行界的奇迹，他细细品读着我们的地球，并向世人娓娓道来。

那时候的环游世界，就好比现在孤身一人踏上火星。这就是拔图塔深受世人尊敬的原因。

突尼斯
突尼斯城
伊本·赫勒敦
出 生 地：突尼斯城
出生国家：突尼斯
出生日期：1332 年
身　　份：历史学家、社会学家、哲学家和政治学家
伊本·赫勒敦的代表作是《历史序论》，书中收录了他在哲学、社会学、经济学和宗教学等方面的见解。

社会学之父：伊本·赫勒敦

伊本·赫勒敦生于突尼斯，家境富裕。他的启蒙老师就是他的父亲。阿拉伯语、阿拉伯文学、数学、逻辑学和哲学，他都有所涉猎。成年后的他博览群书，其中包括著名学者伊本·西拿、阿尔－拉齐和图西的著作。17 岁那年，他的家人不幸死于瘟疫。他不得不终止学业，开始工作。

他曾先后在突尼斯、摩洛哥、格拉纳达、埃及担任政府职员。正是由于他在不同国家的工作经历，使他对各种文化都了解颇深。凭借自己的学识，他受到了多位苏丹的青睐。然而，尽管身居高位，他依然求知若渴，把大部分时间都花在了皇家图书馆里。伊本·赫勒敦一生坎坷，经历过流放、入狱、贫困，但他从未放弃治学。他开始从事写作，以科学的角度记录自己对社会和政府的观察与见解，终于完成了长达七卷的世界通史《历史范例》（包括《历史序论》一卷、《伊斯兰通史》四卷、《柏柏尔人史》二卷），《历史序论》是其导论部分。这些书成为社会学的奠基之作。伊本·赫勒敦在埃及离世，享年 74 岁。他的作品对社会学、政治学和历史学的发展都产生了深远的影响。

伊本·赫勒敦的历史学和社会学著作不仅记录了历史事件，还阐述了这些事件给当地居民所带来的影响，从而开启了历史叙事的新思路。由此，历史学成为可供人类学习借鉴的学术分支。

尼日利亚
索科托
娜娜·阿斯玛乌
出 生 地：索科托
出生国家：尼日利亚
出生日期：1793 年
身　　份：教育家、诗人

非洲教育专家：娜娜·阿斯玛乌

娜娜·阿斯玛乌的父亲是一名学者，深受索科托居民的尊敬，甚至本国的人都十分推崇他。当时没有网络，如果有人想聆听他人的教诲，拜读他人的著作，就只能亲自去这个人所在的城市。因此一直以来，索科托都是人们向往的地方。娜娜·阿斯玛乌就在这里出生、长大，从小就接受了良好的教育。而这个国家的其他女性就没有这么幸运了。她决定改变这种状况！她希望所有的女性都能体验到学习的乐趣。她努力探索，辛勤工作，不断突破限制，最终成功找到了一种新的教育方式，这在当地是前所未有的壮举。娜娜·阿斯玛乌开办了一所学校，女性可以来这里上课，讨论问题。在尼日利亚，与男性相比，女性的受教育程度要低得多。而娜娜·阿斯玛乌正是通过这种方式，帮助女性争取到了提升自己的机会。得益于她的努力，尼日利亚女性的地位大大提高。娜娜·阿斯玛乌是捍卫女性权利的先驱，是非洲历史上的一个重要人物。

娜娜·阿斯玛乌擅长以诗歌抒情表意。

很多女性受到娜娜·阿斯玛乌的影响，她们走街串巷，挨家挨户地将自己的知识教给其他女性。

娜娜·阿斯玛乌自学成才，知识渊博，她的阿拉伯语和其他几种语言都讲得很好。除了宗教学以外，她在科学方面也颇有造诣。正因如此，这场影响尼日利亚和其他非洲国家的教育运动才能一举成功。

好奇改变世界：托马斯·爱迪生

托马斯·爱迪生小时候好奇心很强。他的问题特别多，把老师都问烦了。老师甚至向他的父母抱怨说：“你家孩子一直在提问，搞得我都没法上课了！”后来，母亲开始在家里教他，让他能够随心所欲地表达自己的想法。这样一来，爱迪生总是追寻自己的好奇心去研究。当然，有时候他的实验免不了会出现一些状况。不过，这阻止不了他继续提出质疑、尝试有趣的实验。后来，爱迪生的实验逐渐有了成果，收获了一些小发明。然而，要想继续下去需要金钱的支撑，所以他找了一份在火车上卖报纸的工作。一段时间后，爱迪生又萌生了新的想法：我为什么不自己办一份报纸呢？与此同时，他还学会了使用莫尔斯电码，做了电报员。

爱迪生从小就发明了很多有趣的东西。一些商人发现了他的过人之处，开始给他投资。爱迪生凭借他的发明创造赚了一大笔钱，建了自己的研究实验室，专门做电器实验，并在这条道路上一发不可收。爱迪生的发明很多，除了家喻户晓的那些以外，还有电子投票记录仪、活动电影摄影机，以及留声机。尽管人们认为是格雷厄姆·贝尔最早发明了电话，但爱迪生却利用电缆让远距离通话成为可能。人们普遍认为，灯泡也是他发明的，而事实并非如此。最初的电灯发明者另有其人，只不过当时的灯泡使用寿命较短，爱迪生在此基础上加以改进，发明了经久耐用的灯泡。

今天，我们能在家里安全用电，要感谢两个人——特斯拉和爱迪生。特斯拉研发了交流电系统，使电可以远距离传输。而爱迪生研发的直流电系统，能够让电气设备运转起来。

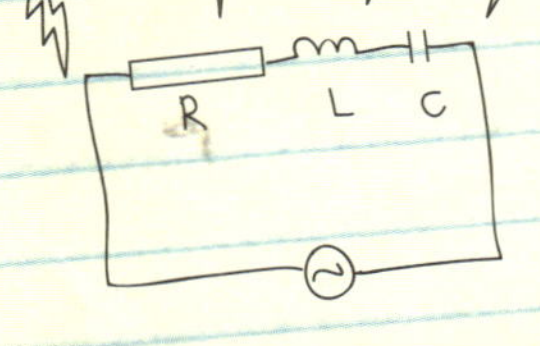

美国
俄亥俄州

托马斯·爱迪生
出 生 地：俄亥俄州
出生国家：美国
出生日期：1847 年
身　　份：工程师、发明家

爱迪生小时候生了一场病，导致听力减退了很多。不过这对他来说也许并不全是坏事。没有了声音的干扰，爱迪生工作起来精力更加集中，做事情也更加仔细。

比鲁尼还是个小孩子时，就尝试通过观察星星和太阳测算它们的运动轨迹。由于他长时间用肉眼去看太阳，导致眼睛出现了问题。不过他并没有因此放弃，转而通过观察阳光在水面的反射情况继续他的研究。

比鲁尼对天文学的研究发现在当时是非常先进的，为了纪念他的伟大成就，后人用他的名字为月球上的一座环形山命名。

上知天文，下知地理：比鲁尼

比鲁尼出生在花剌子模。小时候，他在花剌子模的宫廷中长大。在这里，他学习了欧几里得的几何学和托勒密的天文学。年仅 17 岁的他就开始用肉眼观察天体，并记录自己的测算结果。

比鲁尼将自己的大部分精力都倾注在了天文学和数学研究上。他学识渊博，对其他众多学科领域也都颇有研究，甚至还著有关于印度历史和文化的书。另外，他还擅长编纂百科全书。在他看来，物体会受到重力的影响，地球是绕太阳转动的，前者的提出比牛顿早 700 年，后者的提出比伽利略早 600 年。比鲁尼堪称天才，对后来的众多科学家影响深远。他对科学和自然充满好奇，对学习和研究充满渴望，这种意志伴随他一生，直至 75 岁终老。据说除了宗教节日以外，比鲁尼从不休息。他的科学著作历史地位显著，因此他所生活的时代被后人称为“比鲁尼时代”，而他本人被称为“百科式的学者”。

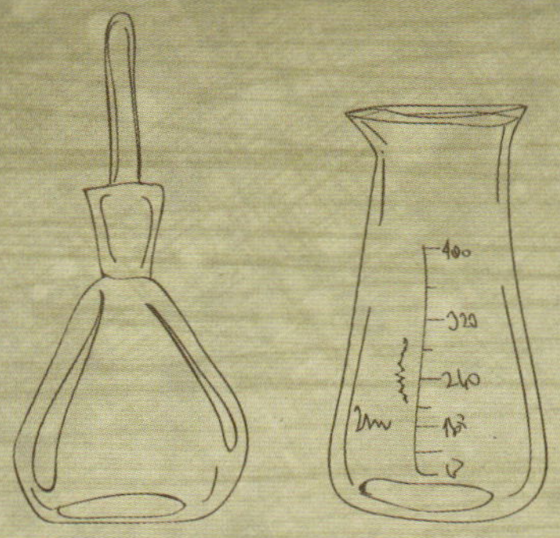

比鲁尼在化学和地质学方面也有重要发现。他设计发明了量杯和玻璃密度瓶，时至今日，它们依然是化学实验室里的常用仪器。

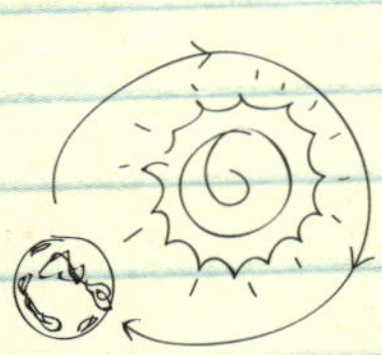

比鲁尼认为，地球是围绕太阳转动的，他是最早持有这种观点的科学家之一。他测算了地球的周长和半径，在当时来看，结果已经相当准确了。他还精确测量了地球的经纬度，并合理解释了重力和光速。

图斯
贾比尔·伊本·哈扬
出 生 地：图斯
出生日期：约 721 年
身 份：化学家、医学家、药剂师、天文学家、工程师、哲学家

现代化学之父：贾比尔·伊本·哈扬

贾比尔·伊本·哈扬的父亲是化学家和药剂师。哈扬曾经在库法生活过一段时间，拜访了多位名师，接受了良好的教育，这一时期对他的一生都有非常重要的影响。哈扬尤其擅长化学。他曾担任过阿拔斯王朝哈里发哈伦·拉希德的宫廷教师。

然而，哈扬的志向远大，他并不想单纯为了宫廷和自己的利益而工作，他希望能为整个社会做出贡献。于是，他尝试将化学知识运用到日常生活中去——通过实验来研究化学，这在历史上还是第一次。

他发明了蒸馏器来净化液体，研究出了结晶等现象的化学机制，首次制取了柠檬酸和酒石酸等化合物，并得出了最早的硝酸配方。

哈扬的科学成就并不仅仅局限于化学，他在药剂学、炼金术、天文学、哲学、物理学和音乐等方面也颇有造诣。据说，他在这些领域的著作众多，可惜流传下来的却寥寥无几。

哈扬制作出了防水布，并且研究出了防止铁被氧化的方法。他还发明了一种不会燃烧的纸，以及只能在夜间显现字迹的墨水。

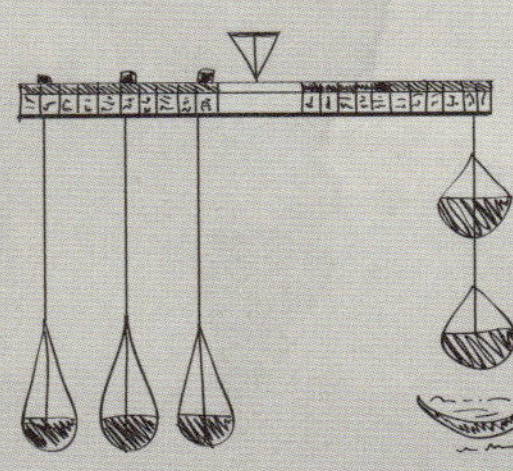

哈扬对称量也十分精通。他发明了一种称量用具，能够精确测量到一克的 6%。

哈扬的著作《化学之书》是一部系统性的化学论著，于 12 世纪被翻译成拉丁语。他也因在化学领域的卓越贡献成为西方公认的现代化学之父。

迪亚巴克尔

伊斯梅尔·贾扎里

出 生 地：迪亚巴克尔

出生日期：1136 年

身　　份：工程师、科学家、发明家、工匠

贾扎里发明的孔雀喷泉，是靠水力驱动的，其特别之处在于这是一个复杂的洗手装置。同样靠水力驱动的还有他发明的大象时钟，这座时钟不仅是一件具有重要意义的机械装置，也是一件精巧的艺术品。

贾扎里将自己的毕生成就收录进了《巧妙机械装置知识之书》当中。书中记录了他设计发明的所有机器人和机械装置，以及它们的制作过程和使用说明，并配有详细的插图。

机器人之父：伊斯梅尔·贾扎里

1136 年，伊斯梅尔·贾扎里出生在迪亚巴克尔。他的父亲是一位技师，贾扎里很有可能就是受了父亲的影响，因为他也在同样的领域取得了巨大的成就。当时的阿尔图格王朝非常看重科学家和艺术家，贾扎里就在王宫里担任工程师。他既聪明又勤奋，表现出了非凡的才能，被任命为首席工程师。他为阿尔图格王朝工作了 30 年，共发明了 100 多件装置，并将其全部记录下来，编辑成书出版。

与当时其他的发明者相比，贾扎里最大的不同之处在于，他制作出来的一些装置具有实用性。由此，850 年以前，他已经首次向世人展示出了现代机器人技术的雏形。可是他的机器人没有电池、电源和电线，而是利用水力做动力。他运用了 1400 年前阿基米德的浮力定律，将其与自己的设计结合到一起，相继发明了水钟、水动力机械玩具、自动乐器、音箱、喷洒器和喷泉。贾扎里的一生历经 70 年，他将自己的大部分精力都倾注在了动力机械研究上。他不光研究动力机械，还设计建造了迪亚巴克尔乌鲁清真寺的日晷。

贾扎里发明的清洁机器人右手持水罐，左手持镜子、梳子和毛巾。它会先把水倒在使用人的手里，然后再递上毛巾、梳子和镜子。

贾扎里向世人证明了，他是超越时代的杰出发明家。据说几百年后出生的达·芬奇也深受他的影响。贾扎里因此被称为“当时前所未有的学者”，深受人们的尊重。

科曼莎

艾布·哈尼法·迪纳瓦里

出生地：科曼莎

出生日期：820 年

身　份：植物学家、自然探险家

比迪纳瓦里生活的时代晚了100多年的比鲁尼，对迪纳瓦里的天文学著作很感兴趣，并将其与自己的笔记做了对照修改，对天文学的发展做出了杰出的贡献。

迪纳瓦里最重要的作品之一——长达六卷的百科全书《植物学辞典》，是植物学发展史上极其宝贵的资源。书中介绍了许多植物的种植方法和种植成效。

与植物对话：艾布·哈尼法·迪纳瓦里

大约1200年前，一个对花朵和自然情有独钟的孩子来到了这个世界。当然了，他不可能一出生就会说“花、虫、山、石”这些字。跟其他孩子一样，他也是从会叫爸爸妈妈开始的。随着他一天天长大，家里人发现他特别喜欢大自然，于是就送他去很远的地方学习。在那个年代，不同的老师在不同的城市教授不同的学科，所以不管想学什么，人们都得远走他乡。为了求学，迪纳瓦里还去过库法、巴士拉和伊斯法罕。他在天文学、数学、逻辑学和文学方面都颇有造诣，然而，对大自然的热爱还是让他重新回到了植物研究的道路上。为了深入了解植物学、研究不同的植物、收集各种样本，他先后去了麦加、麦地那、阿曼，以及拜占庭帝国的多个城市。经过多年的游历之后，迪纳瓦里回到家乡，安度余生。他不但完成了多部著作，还在自家的屋顶上建了一个观测室，继续他的天文学研究。

迪纳瓦里的植物学专著影响深远，他也在植物学发展史上具有重要的历史地位。

迪纳瓦里对动物也很有研究，也是一位动物学家。他曾专门研究过蜜蜂，并著有《蜂蜜和蜜蜂》一书。

面包可无，书不可无：陀思妥耶夫斯基

成为作家之前，陀思妥耶夫斯基的生活虽不富裕，但还是多彩的。他出生的时候，父亲是莫斯科的一名医生。哥哥米哈伊尔比他大一岁，两人相亲相爱。从小到大，保姆给他们讲了好多英雄故事和神话故事。到了四五岁，母亲开始教他们读书写字。每晚入睡前，他们都会读一些俄国文学或世界文学作品，这是他们家的家庭传统。所有这一切都为陀思妥耶夫斯基提供了接近文学的机会。

母亲去世的时候，陀思妥耶夫斯基刚十几岁。父亲开始酗酒，并把他赶出了家门。不久之后，他就收到了父亲去世的消息。这个时候，他从军事工程学校毕业了。可是，他对工程学和数学都不感兴趣，也不想入伍参军，于是选择了文学创作——一个有可能赚不到钱的行业。他阅读、撰写了很多革命作品，因此被沙皇判了死刑。不过幸运的是，在最后时刻，他被改判为流放西伯利亚。牢狱之灾和流放之苦，使他的身心都遭受了巨大的折磨。他将自己所经历的一切都写进了小说，这部小说深受读者的喜爱，为陀思妥耶夫斯基赢得了声誉。有了名气，再出版作品就容易多了。于是在余生当中，陀思妥耶夫斯基从未停止创作的脚步，写下了多部小说。

在西伯利亚的流放结束时，陀思妥耶夫斯基已经身无分文。他写信给哥哥米哈伊尔，希望哥哥给自己寄点钱，并多寄些书。由于流放期间不允许读书，他真的特别怀念读书的感觉。

陀思妥耶夫斯基出名以后，除了写作，他还靠教书赚钱。他教授文学，学生都是俄国最显赫家庭的孩子。就是在这段时间里，他遇见了自己的第一任妻子。

俄国
莫斯科

陀思妥耶夫斯基
出 生 地：莫斯科
出生国家：俄国
出生日期：1821 年
身　　份：作家、教师、学者

陀思妥耶夫斯基的作品众多，影响深远，其中包括《罪与罚》、《卡拉马佐夫兄弟》、《穷人》、《赌徒》和《白痴》等。

法拉布

法拉比
出 生 地：法拉布
出生日期：约 870 年
身　　份：天文学家、哲学家、音乐家

法拉比最大的成就是对哲学领域的贡献。他把亚里士多德的哲学思想带到了阿拉伯世界，因此被誉为继亚里士多德之后的“第二导师”。

集天文学家、哲学家、音乐家于一身：法拉比

法拉比出生于法拉布。在他生活的时代，当地的科学文化十分繁荣。他的父亲是高级军官，所以他从小就接受了良好的教育。他学过阿拉伯语、波斯语、拉丁语、希腊语、叙利亚语和索托语，并且都学得不错。

后来，年轻的法拉比来到了巴格达，在这里生活和学习了很长一段时间。他做过法官，不过对学习的渴望促使他去往当时更加重要的城市。他一生漂泊，到过布哈拉、梅尔夫、巴尔赫、大马士革和埃及。法拉比兴趣广泛，对哲学、伦理学、社会学、音乐、物理、化学、数学和天文学都颇有研究，著书 100 多部。

他还精通音乐，喜欢欣赏乐曲，喜欢弹奏乌德琴、卡龙琴和萨兹琴。他弹琴的风格总是先让人忍俊不禁，再让人悲伤流泪，最后让人恢复平静，悄悄离开。

法拉比一生致力于研究和教学，桃李满天下。他在巴格达居留多年，完成了多部著作，最后在大马士革安度晚年。

法拉比从未结婚，也没有任何财产。他经常到水边、葡萄园和花园里散步，在那里同学生交谈。有时他还会拿起乌德琴，把自己创作的音乐弹给学生们听。音乐是他的至爱。

哈利卡纳苏
希罗多德
出 生 地：哈利卡纳苏
出生日期：约公元前 484 年
身　　份：历史学家、旅行家
希罗多德著有史学名著《历史》一书。

旅途中的历史学家：希罗多德

很久很久以前，在小亚细亚的哈利卡纳苏生活着一个有趣的孩子，他叫希罗多德。当时这里盛行古希腊文明，然而在古希腊人到来之前，希罗多德家族就已经在这里安家了。这个古老的家族历史悠久，家财丰厚，声名显赫。随着波斯人入侵，希罗多德家族的地位威胁到了他们的利益，所以全家人被流放他乡。

在那段时间里，希罗多德和家人历经千辛万苦，不过这也让希罗多德爱上了四处游历。他把自己听到的故事和去过的地方记录下来，编辑成册。这既是一本旅行游记，也是一本历史典籍。希罗多德因此被西方人尊称为“历史之父”。他在书中描写了希波战争和当权者之间的争斗，同时也记录了希波战争的发生地亚洲和欧洲的地理、文化发展。实际上，他是在用散文的形式讲述历史。

尽管有些历史学家认为这种讲史的方式不够客观，但希罗多德依然是世界著名的历史学家。

希罗多德的出生地哈利卡纳苏，是重要的贸易中心。

装疯卖傻的科学家：伊本·海瑟姆

1000 多年前，伊本·海瑟姆出生于巴士拉。他学习过自然科学和宗教，也广泛涉猎过其他各种学科，尤其擅长数学和物理学，在工程学方面也有多本专著。海瑟姆研读过亚里士多德和托勒密的著作，并且指出了其中的讹误之处。他将两人的所有作品做了归纳总结，并将其翻译成阿拉伯语。他对医学、几何学和天文学也很有研究，对地球是宇宙的中心这一观点持怀疑的态度。在他看来，以地球为中心的宇宙体系是不存在的，应该有其他的天体系统存在。

海瑟姆的前半生几乎都是在巴士拉度过的，他还做过这里的地方长官。他的博学多才不仅在当地家喻户晓，甚至在埃及都颇负盛名。当时北非的法蒂玛王朝的哈里发哈基姆，听说了海瑟姆要筑坝治理尼罗河的想法，十分赞赏，于是邀请海瑟姆来北非实现他的宏愿。海瑟姆接受了邀请，但没想到现实与他的想法大相径庭。以当时的技术水平来说，他的设想根本实现不了。海瑟姆只好向哈里发说出实情，哈里发非常愤怒，要狠狠地惩罚他。海瑟姆别无他法，只得装疯，用这个办法躲过了一劫。

哈里发将他软禁起来。然而，囚禁的日子变成了海瑟姆的黄金时期。在这期间，他把自己在物理学方面的所有研究成果都写了下来，这一切给世界带来了天翻地覆的变化。

在海瑟姆的诸多著作当中，《光学》一书最为有名。几个世纪之后，这本书被翻译成拉丁语而广泛流传，对达·芬奇、笛卡儿、伽利略和开普勒等科学家都有极大的启发意义。

著名的阿拉伯科学家铿迭，也曾居于巴士拉。他在哲学、医学、数学、天文学、化学和物理学等领域都有重要著作，最早把古希腊哲学引入伊斯兰国家。铿迭还是音乐理论家，他认为，美妙的音乐创作是一项科学活动，他已经找到了破解这些神秘音符的方法。

当时人们普遍认为，人能看到东西是因为眼睛能够发出光。海瑟姆对此提出质疑，在他看来，光和色彩来自物体，眼睛只是看到了而已。他曾经说过：“如果你长时间盯着某个东西看，眼睛就会觉得疼。要是光来自眼睛，就不可能出现这样的情况。”

纳菲斯曾打算撰写一部医学百科全书，共计300卷，每卷160页，但最终没有完成。

伊本·西拿和盖仑都是他们所处时代非常出名的医师，而纳菲斯批驳了西拿沿用盖仑的血液循环学说，提出了“血液小循环”理论。

伊本·纳菲斯约1210年出生于大马士革，当时阿拉伯世界的医学等科学正处于鼎盛时期，他此时出生在这里真是非常幸运。

纳菲斯在血液小循环方面的发现具有重要的历史意义，因此他也被誉为“中世纪最伟大的生理学家”。

大马士革

伊本·纳菲斯
出 生 地：大马士革
出生日期：约 1210 年
身　　份：医师、天文学家、地质学家、社会学家、作家、历史学家

人类心脏的解读医师：伊本·纳菲斯

从文学到社会学，从科学到宗教，伊本·纳菲斯小时候都学过。后来，他选择到当时最好的一家医院参加培训，同最有名的医生一起学习，直到这时，他才找到自己的人生方向。

纳菲斯医术高明，热爱工作，马木留克王朝的苏丹曾委任他为宫廷御医。这时候的他已经是一位著名的医学家了，深受世人的尊敬。他完成了多部医学专著，开创多项医学技术，为医学的进步做出了重大贡献。纳菲斯首次解释了人体心脏和血液循环的工作原理，还描述了手术的实施方式，以及如何对病人进行后期的治疗陪护。他将自己的全部时间都奉献给了病人，直至生命的最后一刻。他还把自己的书库和住所捐给了他所工作的医院。

纳菲斯的著作涉及医学、解剖学、生理学、眼科学、心理学、天文学、地质学、社会学、文学和历史学等多个领域。

深谙哲学的医学家：伊本·西拿

伊本·西拿是个特别幸运的孩子。父亲声名远扬、德高望重，一些饱学之士常来家里聚会，伊本·西拿小小年纪就有机会与当时杰出的大师们接触，还有机会加入他们就哲学和数学问题展开的讨论。他记忆力非凡，学东西很快，又读了很多哲学和数学方面的书，进步特别大。

伊本·西拿对科学领域的很多分支学科都有涉猎，他16岁开始学医，以惊人的速度完成学业，并发表专著，年纪轻轻就做了医生。18岁那年，他治好了君主的病，成了宫廷御医。对他来说，这个职位最大的优势在于，可以进入医书丰富的皇家图书馆。他一生笔耕不辍，直至57岁生命的终点，著述颇丰。这些书多数为哲学和医学著作，尤其是他的医学专著《医典》，在阿拉伯语国家和欧洲的医校，都被用作教材。

在其医学巨著《医典》中，伊本·西拿记录了多种疾病及其治疗方法。在中世纪和文艺复兴时期，欧洲很多地方都将这部医学著作视为主要医学教科书和参考书。

伊本·西拿在《治疗论》一书中写道，动听的旋律有益于人的身心健康。这本书中还包含了他在逻辑学、数学、形而上学和物理学等方面的理念。

伊本·西拿
出 生 地：布哈拉
出生日期：980 年
身 份：医学家、哲学家、
天文学家、数学家
布哈拉
阿维森纳是伊
本·西拿的拉
丁名。

菲律宾
拉古纳
何塞·黎萨
出 生 地：拉古纳
出生国家：菲律宾
出生日期：1861 年
身 份：眼科医生、诗人、作家、政治家、雕塑家
E
F P
T O Z
L P E D
P E C F D
E D F C Z P
何塞·黎萨精通
22 种语言。

何塞·黎萨多才多艺，做过各种工作。眼科医生、剧作家、演员、农民、商人、动物保护人士、考古学家、人文主义者、人类学家、历史学家、记者、语言学家、音乐家、药剂师、哲学家、诗人、革命家、雕塑家、社会学家、运动员、旅行家，这些名号他都担得起。

革命家、艺术家、医学家：何塞·黎萨

何塞·黎萨有兄弟姐妹 11 个，他排行第七。母亲出身贵族，受过良好的教育。黎萨 3 岁跟随母亲学习字母，5 岁学习读写，读小学时成绩出类拔萃。16 岁大学艺术专业毕业后，他去了西班牙，研习医学。另外，他对哲学、考古学、人类学、农学、历史和城市规划也很感兴趣。

早在西班牙学习期间，黎萨就呼吁菲律宾人民进行独立运动，反对西班牙殖民者在菲律宾的统治。虽然也出现了一时的支持者，但这种言论显然会遭到西班牙殖民当局的仇视。他们决定除掉黎萨，以免支持他的力量发展壮大。于是他们无中生有，捏造罪名，将黎萨杀害，他当时年仅 35 岁。可是结果适得其反，支持国家独立的势力更强大了。黎萨就义两年之后，菲律宾宣布独立。

450 多年前，西班牙殖民者开始了对菲律宾的长期统治。然而多年之后，一些有志之士不愿再忍受西班牙人的压迫，何塞·黎萨就是其中之一。当年，他既是人民英雄，也是杰出的人才。

陬邑

孔子
出 生 地：陬邑（今山东曲阜东南）
出生日期：公元前 551 年
身　　份：教育家、思想家、政治家

孔子研读过很多中国古籍，并且对先前哲学家和思想家的著作进行了阐释。

水

孔子是中国历史上第一位倡导“私人讲学”的教育家。不管年龄大小，人人都能到他这里上课。他在教育领域辛勤耕耘了 30 年，相传先后培养了 3000 名弟子。

勤勉博学的教育家：孔子

孔子是家里的第二个男孩，他的家庭虽然贫寒，但十分讲究礼仪。父亲给他起名孔丘，可因他智慧过人，博学多才，大家都尊称他为“孔夫子”。

孔子一生坎坷，生活清贫，饱受战乱之苦。他幼年丧父，母亲是他的启蒙老师，教他读书写字。祖父发现他是个天赋异禀的孩子，也对他悉心教导。孔子跟祖父学了很多东西，特别是音乐、算术、礼仪、历史和武器。其中，他对中国古代礼制最有研究，年纪不大就已经成为世人眼中的智者。为了谋生，也为了帮助百姓，孔子曾参与政治活动。不过，教书育人才是他最主要的事业。他创办私学，广招学生，为教育奉献了自己的一生。

孔子是一名杰出的教育家，他悉心培养学生，教导他们学习文学、历史、哲学，以及道德伦理。他的教学理念和思想学说对中国后世的教育和思想均影响深远。

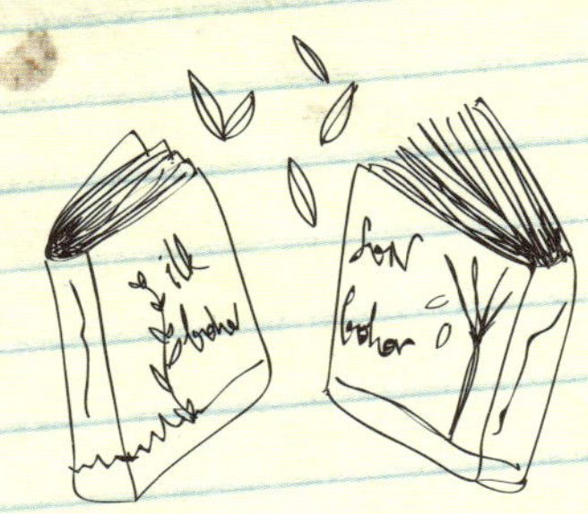

孔子晚年整理《诗》《书》等古代文献，并删修《春秋》。现存《论语》一书，记有孔子的谈话以及孔子与门人的问答。

阿勒颇

玛利亚姆·奥斯特拉比
出生地：阿勒颇
出生日期：约 900 年
身　　份：工程师、数学家、天文学家

在古代，星盘是很重要的东西，就像今天的智能手机和导航设备一样。制作这个仪器需要非常高超的技术。

人们能够利用星盘测算出天体之间的距离，并据此获得有关时间的信息。有了星盘，人们还能算出世界各地日出日落的时间。

充满智慧的星盘大师：玛利亚姆·奥斯特拉比

1100 年前，人们没有手表，不知道准确的时间。古希腊学者发明了一种叫作星盘的仪器，帮助人们解决了这个问题。阿拉伯科学家在此基础上做了改进，用其计算太阳、月亮和星星的运动轨迹。这样一来，人们要想知道做礼拜的时间和麦加在哪里就容易多了。

玛利亚姆就出生在这样的时代，她的父母对星盘制作十分精通。要想制作星盘，光有手艺是不够的，制作者还要懂数学和天文学。虽然这两个学科有一定的难度，但玛利亚姆好奇心强，勤奋刻苦，所以学得很好。她从小就喜欢设计和制作星盘，这也成了她毕生的追求。在那个年代，女性是不能外出工作的，可由于她的星盘设计精巧，富有新意，她得到了王室的赏识。玛利亚姆制作的星盘一直被人们长期使用。

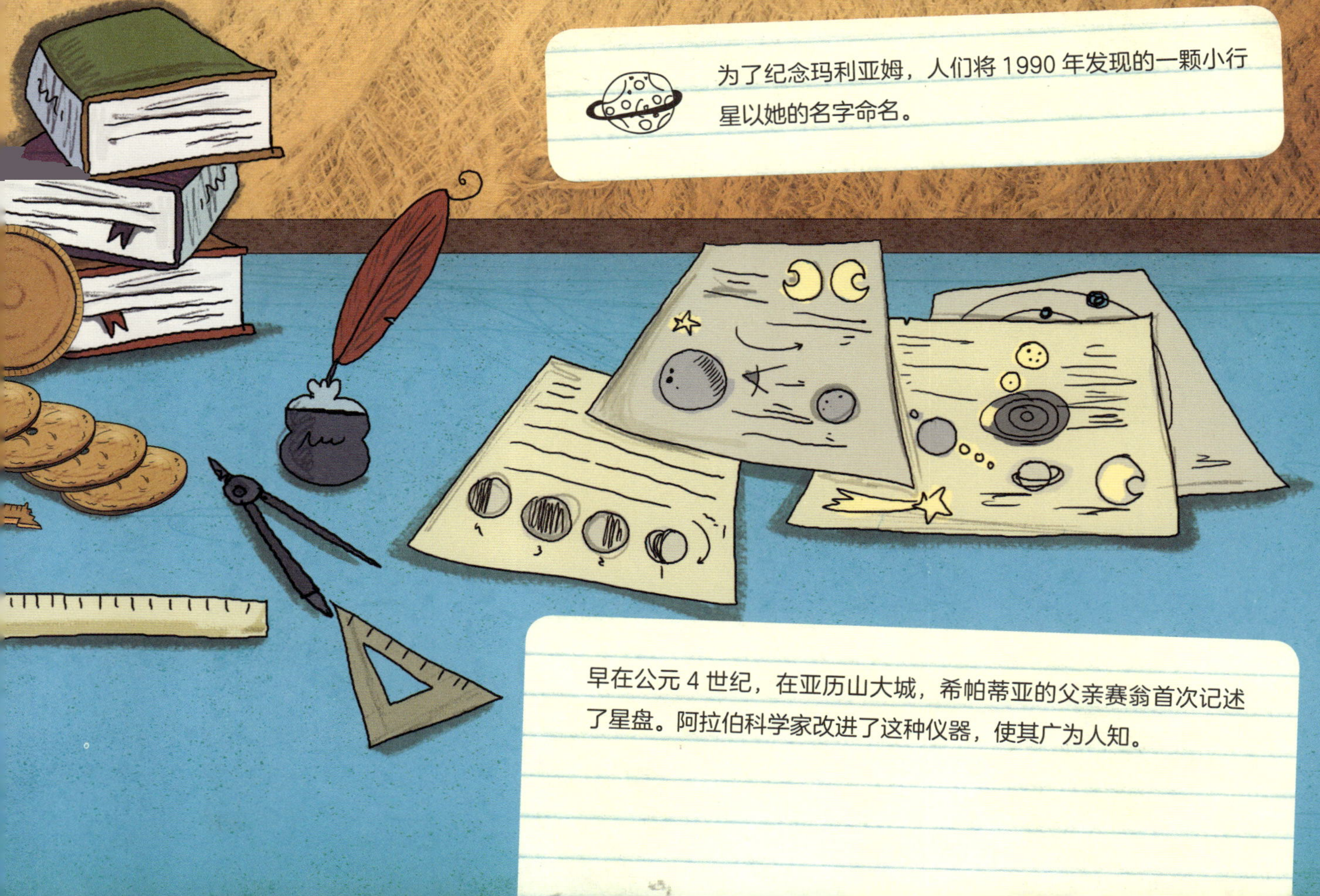

为了纪念玛利亚姆，人们将 1990 年发现的一颗小行星以她的名字命名。

早在公元 4 世纪，在亚历山大城，希帕蒂亚的父亲赛翁首次记述了星盘。阿拉伯科学家改进了这种仪器，使其广为人知。

石材美学艺术家、建筑大师：米玛尔·锡南

约530年前，米玛尔·锡南生于开塞利。年纪轻轻，他已经初显建筑才能，在家乡完成了多项工程。奥斯曼帝国苏丹非常喜欢他设计建造的桥梁和喷泉，邀请他到宫廷任职。奥斯曼军队征战期间，随军建筑师和工程师会帮助行军中的军队克服障碍。有时士兵们需要过河，河流很宽，那他们就必须在短时间内建一座稳固的桥。所以思维敏捷、能够解决实际问题，是建筑师和工程师必备的品质。而锡南则更胜一筹，他在此基础上还专注美学，注重建筑物的美感。

锡南在战事期间建造的桥梁设计精巧、实用美观，因此苏丹任命他为宫廷首席建筑师。从那以后，人们称他为建筑师锡南，这个名字一度在奥斯曼帝国家喻户晓。锡南还为奥斯曼帝国的建筑注入了新的奇思妙想。为了增加建筑物的牢固性，他使用了蛋清和一些至今未解的方法。他在清真寺的穹顶内加入立方体结构，从而产生回声现象，特别神奇。他为解决水利问题修建的水渠坚固有效，至今仍屹立不倒。他修建的桥梁坚不可摧，经得起风雨、地震和洪水的洗礼。而最重要的是，他的设计都有自己独特的风格。锡南活了近一百岁，先后为奥斯曼帝国的三位苏丹效力，设计建造了泽扎德清真寺、苏莱曼清真寺和塞利姆清真寺。

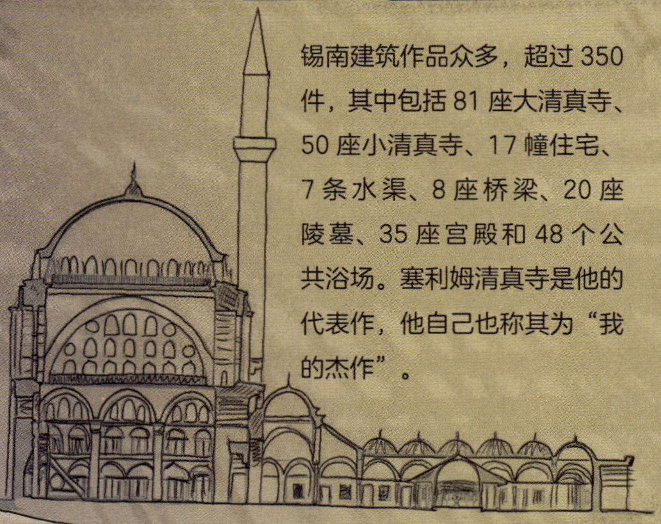

锡南建筑作品众多，超过350件，其中包括81座大清真寺、50座小清真寺、17幢住宅、7条水渠、8座桥梁、20座陵墓、35座宫殿和48个公共浴场。塞利姆清真寺是他的代表作，他自己也称其为“我的杰作”。

伊斯坦布尔美术学院今天被称为米玛尔·锡南美术大学。

开塞利

米玛尔 · 锡南
出 生 地：开塞利
出生日期：1489 年
身　　份：建筑师、工程师

锡南是一个非常慷慨、善良、踏实、勤勉、热情的人。

海洋之王与制图大师：彼利·雷斯

穆希丁·彼利的家族最初来自卡拉曼，当时的奥斯曼帝国苏丹穆罕默德二世（征服者）将他们带到了伊斯坦布尔，然后又把他们派到了恰纳卡莱。1465年，穆希丁就出生在这里。他的叔叔是一名伟大的航海家，这也是他从小就对这个职业感兴趣的原因。他与叔叔一起在地中海做了好多年的海盗，不过当奥斯曼帝国需要组建一支强大的海军时，他们挺身而出，开始为苏丹效力。

一次战争结束后，叔叔在返回途中去世，这成了穆希丁人生的转折点。他不再出海，而是开始写书、绘制地图。可是他离不开大海，不久之后，他又加入了奥斯曼海军，后担任舰队司令。也就是从那时开始，人们喊他彼利·雷斯，也就是“彼利船长”的意思。在他写书和绘制地图的那段时间里，他还是一名海军将领，隶属苏莱曼一世的海军，受巴巴罗萨·海雷丁的领导。他一直在海上漂泊，直到离世。然而，他之所以能成为举世闻名的航海家，主要是因为他所绘制的两幅世界地图和著作《航海书》，这两幅地图的准确程度远远超过了当时的其他地图。

在绘制地图的过程中，彼利·雷斯也参考了其他人的航海图，例如克里斯托弗·哥伦布的航海图。

《航海书》对世界各地的海员都有重要的参考价值。书中记录了彼利·雷斯在地中海活动期间所到之地的所见所闻，还绘有200多幅地中海航海示意图。

恰纳卡莱

彼利 · 雷斯
出 生 地：恰纳卡莱
出生日期：1465 年
身　　份：地理学家、航海家、制图师

彼利 · 雷斯具有丰富的三角学和天文学知识，即使身处汪洋大海，也能估算出方向。

彼利 · 雷斯绘制了两幅世界地图。第一幅绘制于 1513 年，被世人认为是第一幅土耳其语世界地图，与我们现在的地图内容最为接近。在这幅地图中，彼利·雷斯绘出了美洲大陆，具有重要意义。

雷伊

艾卜·伯克·阿尔－拉齐
出 生 地：雷伊
出生日期：864 年
身　　份：化学家、医学家、炼金师、哲学家

儿科医生第一人：艾卜·伯克·阿尔－拉齐

阿尔－拉齐出生于德黑兰附近的雷伊。当时雷伊城里有许多学者，拉齐向他们学习了很多东西，包括数学、哲学、天文学和自然科学。20 岁以后，他成了一名珠宝商，同时还做一些化学方面的工作。他会拿珠宝做一些化学实验。据说拉齐发明了硫黄。不幸的是，实验过程中释放出来的气体损害了他的视力。于是他开始钻研医学，想把自己的眼睛治好。不管在生活上，还是科学研究上，这件事对他来说都是转折点。

30 岁之后，他开始挑战医学，并最终成为宫廷医生。儿科是他最擅长的。拉齐在人类医学史上具有举足轻重的地位，他的著作被译成拉丁语，后来成为欧洲医学界的教科书。他的兴趣不仅局限于医学，他对哲学和宗教也颇有研究，著作达 200 多部。在他人生的最后阶段，他的视力又出现了问题。学生建议他做手术，可他的答复很明确："该看的东西，我的眼睛都看过了，它们已经完成了自己的使命。"

拉齐是第一位诊断出肾结石的医生。他开创了儿科学，首次提出麻疹和天花是两种不同的疾病。他倡导将化学知识融入医学研究，他也是第一位提出医学伦理学的学者。

拉齐对音乐也很感兴趣。

很多人都知道，拉齐对贫苦百姓特别友好。如果有人瞧不起他的职业，他会毫不掩饰地说自己写了 200 多本书。

拉齐将自己在化学领域的研究成果运用到医学上，首次用酒精给伤口消毒。

苏丹尼亚

乌鲁伯格
出 生 地：苏丹尼亚
出生日期：1394 年
身　　份：科学家、统治者、数学家、天文学家

钟爱苍穹的君王：乌鲁伯格

1394 年，乌鲁伯格出生于中亚的苏丹尼亚。他的祖父帖木儿建立了帖木儿帝国。继祖父之后，他的父亲成为帝国统治者，而乌鲁伯格与他们不同，他并非好战之人。父亲了解自己的儿子，就让他管理撒马尔罕城。那时候的乌鲁伯格只有 16 岁，最喜欢的事情是仰望天空。原因很简单，天空是他的至爱。

乌鲁伯格在撒马尔罕建了一所学校和一座天文台。天文台里有他专门预留的观测室，天花板上还画上了行星的图案。学校里教授的数学计算方法和天文学知识，都在天文台得到了实践。他还邀请了当时著名的天文学家，像阿里·古什吉和卡迪·扎达·鲁米，同他们一起绘制了最详细的恒星位置表。尽管希腊天文学家托勒密生活的时代比乌鲁伯格早了 1000 多年，但这是当时唯一一幅精确度超越了托勒密星表的恒星位置表。乌鲁伯格在数学，尤其是三角学方面也颇有建树。另外，他所处时代的星盘制作技术也有了很大的进步。

作为统治者，乌鲁伯格睿智而成熟。他喜欢在空闲时间读书，与其他学者交流。据说他读书时过目不忘，记忆力过人。

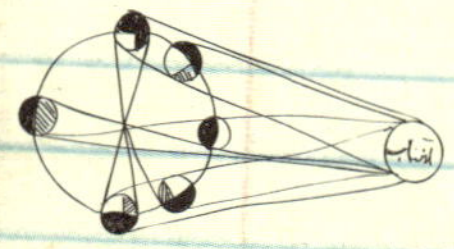

乌鲁伯格的著作被翻译成多种欧洲语言，在欧洲广泛传播。其著作的原始版本至今仍保留在圣索非亚教堂图书馆。

摩苏尔

兹尔雅布
出 生 地： 摩苏尔
出生日期： 789 年
身　　份： 音乐家、诗人、美学家、植物学家、地理学家

人们普遍认为，桑巴和探戈是拉丁音乐的组成部分，是由兹尔雅布的音乐发展而来的。

据说，乌德琴是吉他的前身，最初只有四根弦。兹尔雅布为乌德琴加上了第五根弦。

兹尔雅布还是诗人和作曲家，据说他会的歌曲有一万首。

美好世界的缔造者：兹尔雅布

哈桑·阿里出生在摩苏尔，是家里唯一的孩子。他们家决定迁往巴格达，成为他人生的一大转折。当时巴格达是阿拔斯王朝的首都，也是科学和艺术中心。哈桑·阿里在这里接受了良好的教育，他勤奋好学，顺利完成了学业。他在科学、文学、地理、天文方面都很有造诣，不过音乐才是他真正的天赋所在。宫廷乐师伊夏格是当时最伟大的音乐家，他发现了这个孩子的音乐才能，把他收入门下。不过哈里发哈伦·拉希德去世之后，哈桑·阿里就离开了宫廷，踏上了漫长的旅途。途中他收到了来自安达卢西亚王宫的邀请。于是 33 岁那年，他来到了科尔多瓦，在当时世界第一强国的王宫里担任首席音乐家。哈桑·阿里成为安达卢西亚最受欢迎的音乐家。他嗓音优美、皮肤黝黑，所以人们给他起了个昵称“兹尔雅布”，意思是“黑色的鸟儿”。来到欧洲之后，他不仅教授音乐课程，也将阿拉伯文化和伊斯兰文化带到了这里。他还首次改进了乌德琴这种乐器。另外，对于人们的着装、就餐、化妆、发型等方面，他也会给出一些合理的建议，所以他几乎成了一个偶像式的人物。使用桌布、一日安排三餐、由汤做头盘、不同的食物盛在不同的盘子里、用玻璃杯取代沉重的金属杯等，都是他的首创。他还在安达卢西亚建立了第一所欧洲音乐学校。

艾达·洛芙莱斯

出 生 地：伦敦

出生国家：英国

出生日期：1815 年

身　　份：数学家、计算机程序创始人

艾达·洛芙莱斯英年早逝，因癌症身亡，享年 36 岁。

计算机程序之母：艾达·洛芙莱斯

艾达·洛芙莱斯是英国著名诗人拜伦勋爵之女。她的父亲很有个性，与众不同。他原以为艾达会是个儿子，打算培养“他”做个诗人。结果有了女儿之后，他跟妻子之间就有了嫌隙，并最终离家而去。八年后，他离开了人世。缺失父爱，成了艾达一生的遗憾。母亲为了弥补女儿，鼓励她学习数学和工程学，以这种方式帮助女儿忘记父亲。

虽然妈妈很爱艾达，她的童年依然过得很艰辛。她体弱多病，只能请老师来家里上课，其中包括法拉第和狄更斯，前者是当时举足轻重的物理学家和化学家。艾达试图靠数学公式来填补因父亲离去而留下的空白。这个姑娘非常出色，能够设计机器。她结婚生子后，也一直坚持工作。她编写出了能够进行数学运算的算法，一举成名，这也可以说是能够进行运算和设计的计算机程序的雏形。艾达·洛芙莱斯的成就对未来计算机编程产生了深远影响。

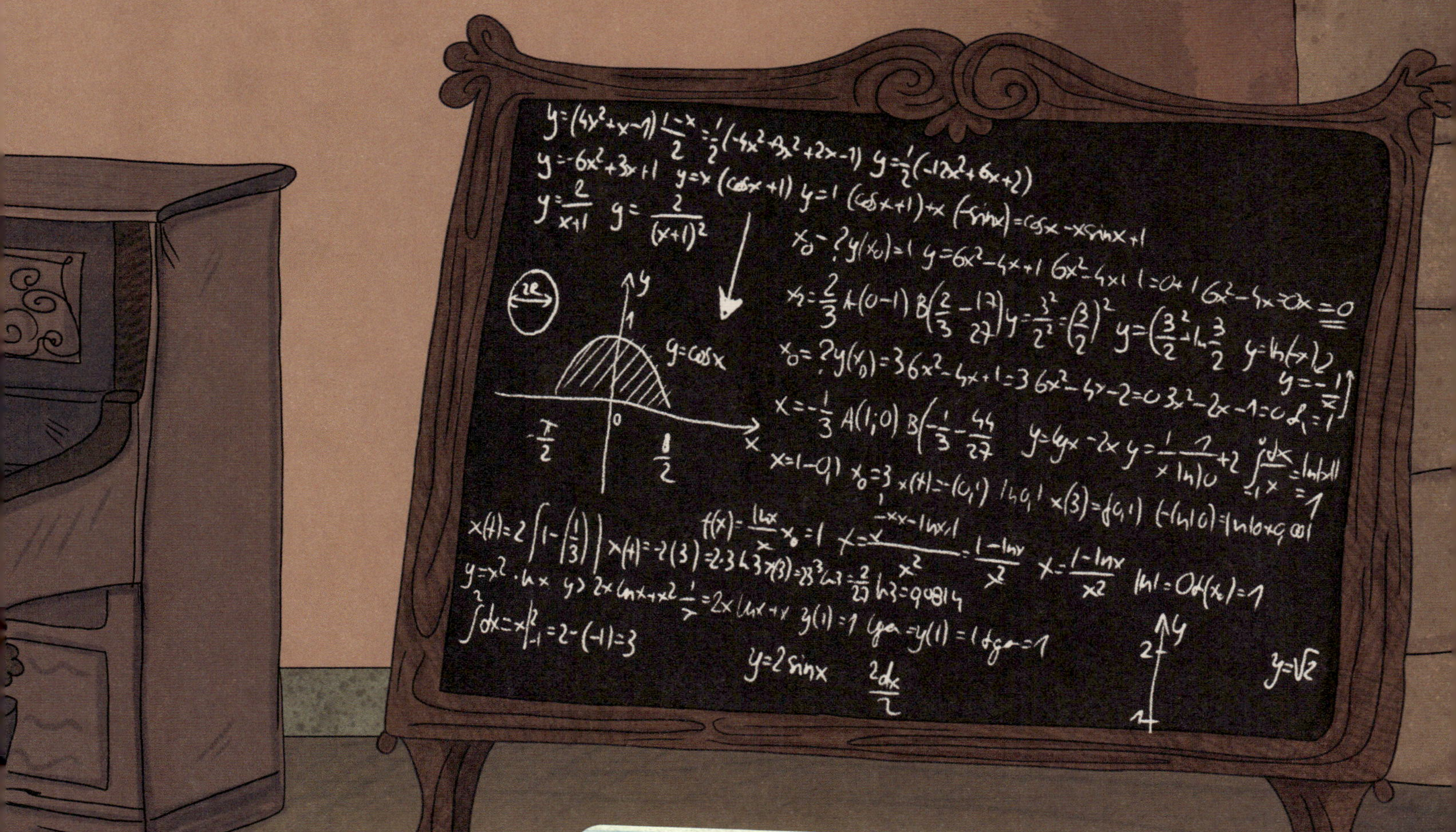

13 岁时，艾达设计了一台蒸汽飞行器。不过后来她发现自己另有所爱，这些曾经的梦想也就烟消云散了。

第一导师：亚里士多德

亚里士多德出生于色雷斯的一个小城。父亲是马其顿国王阿敏塔斯三世的宫廷御医，阿敏塔斯三世是亚历山大大帝的祖父。亚里士多德的童年和少年时期都是在王宫花园里度过的，18 岁时，他觉得自己需要系统地学习，于是去了雅典。在那里，他进入了柏拉图学园，跟随柏拉图学习了将近 20 年。之后他开始寻找自己的研习方向，到周边地区游历，对所到之处的动植物进行观察记录。

在此期间，马其顿国王邀请他回国，任命他为宫廷学术领袖。国王希望自己的儿子亚历山大能跟随他学习，这个叫作亚历山大的孩子就是未来的亚历山大大帝。

亚里士多德最终厌倦了官场上的钩心斗角，他回到了雅典，出资创办了吕克昂学园。他在这里从教 12 年，这也是他最多产的一段时间。他教授的学科包括物理学、形而上学、天文学、动物学、逻辑学和政治学等。

亚里士多德上课的时候，喜欢跟学生们边散步边交流，这是他独特的教学风格。

学校

亚里士多德创办的学园命名为“Lyceios（吕克昂、学校）”。法语中“高中”一词“lycee”，就是由这个词演变而来的。

斯塔吉拉
亚里士多德
出 生 地：斯塔吉拉
出生日期：公元前 384 年
身　　份：哲学家

叙拉古

阿基米德

出 生 地： 叙拉古

出生日期： 公元前 287 年

身　　份： 数学家、物理学家、天文学家、哲学家、工程师

罗马帝国觊觎叙拉古多年，但罗马军队最大的障碍就是阿基米德发明的御敌武器。他发明的一种鱼竿一样的起重机，一下就能将敌人的战舰吊起打翻。另外，他对投石器进行了改造，使其能够投射各种物体。

阿基米德经常在自己的发明中使用滑轮和杠杆。他有一句有名的话：“给我一个支点，我能撬动整个地球。”

在浴室里改变世界：阿基米德

阿基米德从小热爱数学，喜欢创新。他渴望到一个规模庞大的图书馆学习，因此来到了埃及的亚历山大城。在这里，他博览数学等科学书籍，然后带着满肚子奇思妙想回到了叙拉古。

叙拉古的希伦王跟阿基米德是亲戚，十分欣赏他。相传希伦王花重金找珠宝匠做了一顶新王冠，可又心存怀疑，就让阿基米德既不弄坏王冠，又要搞清楚王冠究竟是不是纯金打造的。阿基米德全身心投入了进去。有一天，他洗澡的时候突然想到了解决办法，就赤身裸体地跑出了浴室，跑到街上大喊“我知道了”。阿基米德意识到，相同体积的金银，其重量是不同的。将王冠和同等重量的黄金放入盛满水的盆里，比较两盆溢出的水，如果水量不同，就说明王冠不是纯金的。结果发现珠宝匠的确作了假。阿基米德也因此发现了浮力定律。阿基米德的创新不止于此。他物理学知识丰富，发现了阿基米德螺线和杠杆定律。后来，人们将他的这些发现应用于灌溉系统和战争机械的制造当中。

青年时期的阿基米德曾经用绳子和滑轮将一艘大船拖离水面。旁观者都觉得这很难实现，但阿基米德轻而易举就做到了，因为他懂得物理学知识。

丧失听力的音乐天才：路德维希·凡·贝多芬

路德维希·凡·贝多芬的名字来自祖父，他的祖父是当年著名的作曲家和音乐家。他的父亲是一名男高音歌手，兼任音乐教师。贝多芬从小天赋异禀，年仅 5 岁就显现出过人的音乐才华。父亲希望把他培养成像莫扎特那样的“神童”，所以非常重视儿子的音乐教育。父亲的这种关注并没有给贝多芬带来困扰。而他在学校的表现却很一般，事实上，他读书很吃力，这反而更让他走近了音乐的世界。然而，母亲突然离世，父亲一度消沉，离家而去，弟弟妹妹尚且年幼，贝多芬不得不承担起照顾他们的责任。他靠打零工赚钱养家。26 岁时，他生了一场病，之后听力就出现了问题，50 岁时已经完全失聪。尽管如此，他创作的音乐仍然是独一无二、完美无瑕的。听力上的残缺给他的心理状态造成了严重的影响，不过也让他更加声名远扬。起初，人们了解贝多芬是因为他的钢琴演奏，后来他凭借杰出的音乐创作成为响当当的音乐人物。对 19 世纪末期的音乐家来说，贝多芬的作品具有重要的意义和价值。

贝多芬与莫扎特几乎生活在同一时期，后者的代表作品是《土耳其进行曲》。莫扎特定居维也纳，是著名的作曲家，比贝多芬成名要早。贝多芬非常想去维也纳，向莫扎特学习音乐，可出于家庭责任，他一直未能如愿。

德国
波恩

路德维希·凡·贝多芬

出 生 地：波恩

出生国家：德国

出生日期：1770 年

身 份：作曲家、钢琴家

贝多芬的诸多作品中，《第九交响曲》最为著名，其中的《欢乐颂》如今已成为欧盟的盟歌。

提到古典乐，我们会想到另一个名字——莫扎特。他比贝多芬年长 14 岁，很小的时候就以独特的音乐演奏一举成名。

贝多芬在他的生命历程中，创作了 9 部交响曲、32 首钢琴奏鸣曲、5 部钢琴协奏曲和 1 部小提琴协奏曲等。

英国
什罗普郡

查尔斯·达尔文
出 生 地：什罗普郡
出生国家：英国
出生日期：1809 年
身　　份：生物学家、地质学家、自然历史学家

达尔文研究领域广泛，包括地质学、动物学和植物学，而且在贝类和虫子方面的研究也取得了重要的成果，甚至还著有关于蚯蚓的书。

达尔文是真正的收藏家，他曾随海军勘探船贝格尔号进行了为期五年的环球旅行，途中观察并搜集了大约 5000 份样本，做了大约 1700 页记录。

世界上的一切都那么新奇：查尔斯·达尔文

查尔斯·达尔文出身贵族，家境富裕，他是家里的第五个孩子。祖父伊拉斯谟是著名的科学家，父亲罗伯特是成功的医生。但谁的一生都不是一帆风顺的。达尔文 8 岁那年，母亲因病去世了。他就一直由姐姐们来照顾。达尔文热爱大自然，空闲时间，他走进大自然收集了很多石头、虫子，以及各种蛋和贝壳。家里人都叫他“小小收藏家”。

长大以后，达尔文迫于父亲的要求去学医。可是他只学了两年就放弃了，之后进入剑桥大学基督学院学习。虽然这个学院以神学为主，但也开设了科学课程。在这期间，他结识了很多科学家，在他们的帮助下，他学习了大量的植物学和地质学知识。1831 年，他搭乘一艘名叫贝格尔号的勘探船，进行了五年的环球旅行。他沿途进行科学考察，采集了大量的样本，之后用了 20 年的时间归纳整理。1859 年，《物种起源》出版，将这些研究成果公之于世。在达尔文看来，物种是不断进化的，而进化是通过自然选择实现的。他在这本书中阐述了自己的“进化论”，一直以来，这都是生物学界最具争议的话题，达尔文也因此享誉世界。如今，距离达尔文的进化论问世已经有 160 多年的时间了，但他仍然是世界公认的贡献最大的生物学家。鉴于他在科学界的威望，达尔文逝世后葬于威斯敏斯特教堂，举行国葬仪式。

敢想敢做：勒内·笛卡儿

1596 年，笛卡儿出生于法国。他出生后不久，母亲就去世了。父亲平时很忙，没有时间照顾孩子，于是就把三个子女都交给了外祖母。但是在教育方面，父亲从不马虎，他将他们送进当地最好的学校。他希望笛卡儿成为出色的律师，儿子没有让他失望。虽然笛卡儿体弱多病，但仍是学校里最优秀的学生之一。大学毕业之后，笛卡儿取得了律师资格，但并没有入职。他去了巴黎，开始了勇敢的科学探索之旅，并积累了丰富的经验。笛卡儿曾经参过军，到布拉格打过仗。在布拉格，他参观了著名的德国天文学家开普勒的实验室，二人进行了深入的科学探讨。服役期间，笛卡儿有时也会利用空闲时间研究哲学。也就是在这个时候，他提出了著名的思想：我思故我在！笛卡儿因为收到了瑞典女王的邀请，于是他来到瑞典，对女王悉心教导，同时完成了一些著作。然而，由于工作繁重，他患上了肺炎。54 岁那年，笛卡儿离开了人世，留下了大量作品供后人阅读和思考。

笛卡儿的数学著作也具有重大意义。他最重要的数学成就是笛卡儿坐标系，其主要意义在于将几何和代数结合到了一起。
笛卡儿被誉为“西方现代哲学之父”。

德国
乌尔姆

阿尔伯特·爱因斯坦
出 生 地：乌尔姆
出生国家：德国
出生日期：1879 年
身　　份：物理学家、哲学家

爱因斯坦热爱音乐，他总说，假如自己不是物理学家，那就会是音乐家。这把琴是父亲留给他的，小时候多亏了母亲，他学了很长时间的小提琴。

无法听课的问题男孩：阿尔伯特·爱因斯坦

阿尔伯特·爱因斯坦从小就与众不同。他不善交际，朋友不多。他说话很晚，家人还因为这个带他去看过医生。他上学时成绩也不怎么样，不喜欢记东西，却非常喜欢问问题。大家就会想办法让他停止提问，比如，拿一些他从没见过的东西分散他的注意力，用另外一个问题反问他，或者为他弹奏一段音乐，等等。爱因斯坦特别喜欢听妈妈弹钢琴，每当琴声响起，他就会走到妈妈旁边静静地聆听。

虽然学习成绩并不理想，可是爱因斯坦身上具有某些特质，完全可以弥补成绩差的缺憾。他的叔叔和家里的一位朋友充当他的启蒙老师，在他们的帮助下，爱因斯坦比同龄人更早地接触到了科学、哲学、几何和代数。他对数学和物理尤其感兴趣，于是大学选择了工程学专业。从苏黎世联邦理工学院毕业以后，他入职专利局。26 岁时，爱因斯坦获得物理学博士学位，其间发表了很多物理学论文，受到了广泛关注，尤其是他对相对论、光以及光速恒定的解释震惊了整个科学界。他的支持者越来越多，他也因此在科学界声名鹊起。曾经连工作都找不到的爱因斯坦，如今收到了各个大学的聘用邀请。因为对理论物理学做出了杰出的贡献，爱因斯坦获得了 1921 年诺贝尔物理学奖。他一生收获的奖项和赞誉无数，但他从未停止工作，直至 76 岁离世。

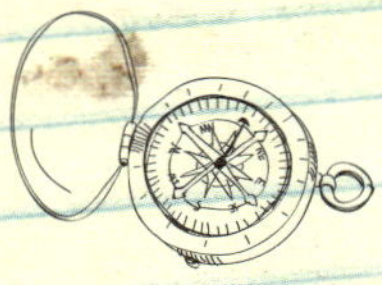

爱因斯坦 5 岁时，父亲送给他一个指南针。爱因斯坦非常好奇，为什么它的指针总是指向同一个方向呢？正是这个小小的礼物，引领着他多年后进行了相关领域的研究。

$E=mc^2$ 是爱因斯坦提出的著名的质能方程。根据这个方程，任何物质的质量都可以转化为能量。用质量乘以光速的平方，我们就能得出物质的能量。爱因斯坦证实了物质的质量和能量之间的关系。

摩拉维亚

西格蒙得 · 弗洛伊德
出 生 地：摩拉维亚
出生日期：1856 年
身　　份：精神病医师、
心理学家

弗洛伊德最喜欢的作家是陀思妥耶夫斯基和莎士比亚。

1938 年，纳粹军队占领维也纳，弗洛伊德迁往伦敦，一年之后在伦敦去世。当时他在伦敦居住的房子现在是一座博物馆。

探索精神世界的天才：西格蒙得·弗洛伊德

西格蒙得·弗洛伊德出生于摩拉维亚，这里现在是捷克共和国的一个地区，不过1856年前后，它属于奥地利帝国。他的父亲是一位纺织品商人，弗洛伊德出生后，父亲的生意就开始惨淡，于是全家移居维也纳。弗洛伊德从小学习成绩名列前茅，17岁以优异的成绩高中毕业。在此期间，他学习了德语、法语、拉丁语、意大利语、西班牙语、英语、希腊语和希伯来语。他兴趣广泛，热爱文学。

弗洛伊德原本打算学习法律，结果却进了维也纳大学医学院。他非常崇拜自己的哲学、神经生理学和动物学老师，在校期间甚至还做过老师的助理，帮老师做实验。毕业后他进入维也纳全科医院工作，先后在多个科室担任医生，并成为精神病学助理教授。随后他离开医院，开办了私人诊所。当时，催眠是一种常见的治疗心理疾病的方法。而弗洛伊德放弃催眠法，倡导通过自由谈话的方式来治疗病人，他将这一方法称为“精神分析法”。这对当时的精神病学发展产生了革命性的影响，至今仍占有一席之地。

根据弗洛伊德的理论，梦是日间活动和思考的产物，这对于潜意识问题的分析具有十分重要的意义。

发现新宇宙的天才：伽利略·伽利莱

伽利略·伽利莱出生于意大利比萨，就是比萨斜塔所在的那个城市。他曾经按照父母的要求学医，但却发现自己越来越喜欢数学和物理。于是他离开医学院，专门学习物理、数学和天文学。在校期间，他勤奋刻苦，做了一系列研究。他提出以往的某些理论是错误的，这与学校教授的背道而驰，于是他不得不离开比萨，去往佛罗伦萨。这时的他只有一个梦想：做一名数学家。几年之后，他申请入职比萨大学，后被聘任为数学教授，当时他年仅 25 岁。

虽然伽利略并不是严格意义上的天文学家，但天文却是他真正的兴趣所在。他制造并改进了望远镜，用它来观测天体。他先是观测了月球，发现月球表面是凹凸不平的，就像地球一样布满岩石。他还发现了木星的卫星，今天我们将其称为伽利略卫星。另外，伽利略提出，地球并不是宇宙的中心，这与人们以往的普遍认知相左。这几乎等于向众多科学家宣称，地球和人类并非处于其他天体的中心位置，而是同它们一样，处于组成更大宇宙的轨道上。他在《星际使者》一书中发表了自己的观点，一时名声大振。

但伽利略也引起了教廷的不满。在那个年代，教廷的权力很大，他们不希望民众的思想太过活跃，这样不利于他们的统治。所以，违背教廷意愿的人就有可能被处死。在接受审判时，伽利略否认了所有指控。由于他年事已高，教廷没有判他死刑，而是判为终身监禁。伽利略在囚禁中度过了自己的余生。

著名数学家斐波那契也出生于比萨。他通过研究，发现自然界中存在一个完美的数学比例。很多生物在繁殖过程中，其数量都遵循一个有趣的数列，符合某个数学公式。这个独特的比例叫作黄金分割。

一天，伽利略坐在比萨大教堂里，看到天花板上的枝形吊灯来回摆动，由此得到启发，发明了脉搏计，为后来血压计的发明提供了原型。

意大利
比萨

伽利略 · 伽利莱

出 生 地：比萨

出生国家：意大利

出生日期：1564 年

身　　份：天文学家、物理学家、数学家、工程师、哲学家

伽利略最重要的贡献之一是提出了经典力学定律，即物体的运动规律，它是力学史上的里程碑。其研究成果包括惯性定律和落体定律等。

德国
法兰克福

歌德
出 生 地：法兰克福
出生国家：德国
出生日期：1749 年
身　　份：诗人、思想家、科学家、画家、剧作家

歌德的代表作《浮士德》，创作历时60多年。

德国的歌德学院就是以歌德的名字命名的，主要负责组织世界范围内的文化活动。

才华横溢的谦谦君子：歌德

1749 年，歌德出生于德国。父亲是一名严肃的律师，但歌德却热爱艺术、文学和旅游。母亲出身贵族，家族历史悠久。歌德很早就开始学习法语、意大利语、英语、拉丁语、希腊语，家里还专门为他请了科学、宗教和艺术等方面的家庭教师。他很喜欢用画画的方式做笔记。歌德的父亲拥有自己的图书馆，收藏精装书2000余册。歌德经常阅读这些书，聆听妈妈讲故事，扩展自己的想象力。可以说，他拥有幸福的成长环境，接受了良好的教育。

歌德学过法律，却从未做过律师。他全身心地投入艺术和自然科学中。离家之后，他开始创作诗歌和小说。25 岁时，他的小说引起轰动。两年后，歌德收到了魏玛公国公爵的邀请，担任其顾问。于是他迁居到魏玛这个美丽而温和的城市，在这里生活了 56 年，直至生命的终点。他一生创作的诗歌、戏剧、小说有 50 余部。歌德的文学作品影响了欧洲文学甚至世界文学的发展。

歌德还写了很多自然科学方面的作品。他的关于植物生长的文章对欧洲植物学家影响深远。

一些著名的音乐家曾为歌德的诗歌谱曲，其中包括莫扎特。

电话之父：亚历山大·格雷厄姆·贝尔

孩童时期的亚历山大·贝尔可爱且好奇心强。他的妈妈有听力障碍，因此他和父亲都想通过自己的努力帮助那些残障人士。妈妈虽然听不见，却弹得一手好钢琴，她为贝尔树立了榜样，教会他要努力克服人生中的困难。他的父亲是语言学专家，从事这方面的教学工作，还开创了一套手语。从小父母就开始了对他的教导，他对一切都充满好奇。

贝尔发明了几种发声机器，不过他并不满足。他坚信有一天，声音能像电报一样传送到千里之外，这种想法越来越强烈。他在家里做了很长时间的试验，都以失败告终。在一次偶然的情况下，他遇到了一位赞助者，在其帮助下建立了自己的实验室。当贝尔和助手在实验室工作的时候，他忽然发现，他们可以利用电线将声音传到另一个房间。于是他将这个传声装置加以改进，并申请了专利。幸亏贝尔早了一步，否则就会有其他人获得“电话”专利了。贝尔真是十分幸运！而他发明的电话在以后的日子里有了数百万的使用者。

贝尔还发明了一种探测器，用来探查人体内的子弹。他还开发了一种装置，能够使用光近距离传输声音，这就是光电话。

英国
爱丁堡

亚历山大·格雷厄姆·贝尔
出 生 地： 爱丁堡
出生国家： 英国
出生日期： 1847年
身　　份： 科学家、发明家、工程师

贝尔曾经在波士顿大学教授父亲开创的手语。

12岁时，贝尔发明了一种机器，它能够将麦粒从谷壳中分离出来，就好像小型脱粒机一样。

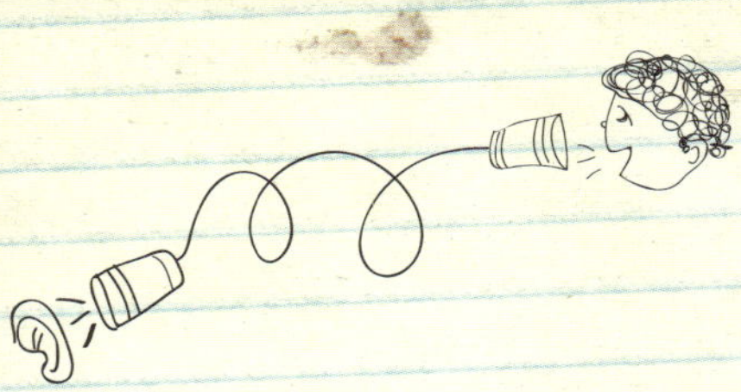

贝尔和爱迪生有很多相似之处。他们出生在同一时期，都是发明家，都对电报感兴趣，都很关注失聪问题。爱迪生将贝尔发明的电话做了改进。

格拉纳达

伊本·图菲尔
出生地：格拉纳达
出生日期：1100 年
身份：哲学家、作家、医学家、律师

伊本·图菲尔在摩洛哥去世，享年 85 岁。

不畏孤独、不畏遥远的作家：伊本·图菲尔

你或许听说过鲁滨逊的故事吧？故事的主人公独自一人生活在荒岛上，经历了种种奇遇。有人认为，这个故事来源于伊本·图菲尔的作品，不过知道的人并不多。伊本·图菲尔出生于900多年前，他和他的作品具有重要的历史地位，只不过后来才被世人发现。

图菲尔行过医，还是一名优秀的哲学家。当时他生活的地方文化繁荣，为他提供了良好的学习机会。1100年，图菲尔在格拉纳达出生，当时这里正处于科学和哲学发展的鼎盛时期。因此，图菲尔接受了很好的教育，成为一名医师。不过他并没有就此止步，又学习了宗教、天文、政治和哲学。他担任过宫廷御医兼大臣，还创作了最富创意的故事，讲述了一个男孩独自流落荒岛的经历，这本书的名字叫《哈彦·本·叶格赞的故事》。在此之前，从来没有人写过类似的故事，这本书是阿拉伯文学与哲学的经典著作。

在《哈彦·本·叶格赞的故事》一书中，图菲尔讲述了小男孩在好奇心和质疑精神的指引下，如何通过观察、试验来寻求真理，并设法谋求生存的故事。

德国
特里尔

卡尔·马克思
出 生 地：特里尔
出生国家：德国
出生日期：1818 年
身　　份：哲学家、小说家、政治领袖

马克思生活的年代，欧洲人民过着水深火热的生活。他们早出晚归，却依然收入微薄，连家里的孩子也要干活赚钱。马克思看在眼里，痛在心里，萌生了改变这种现状的想法。他的著作《资本论》《共产党宣言》等都影响深远。

以劳苦大众的福祉为先：卡尔·马克思

马克思出生时，德国还没有建立，当时这里属于普鲁士王国，地域更加广阔。1818 年，一个春暖花开的日子里，在普鲁士王国的西部地区，一个新生命诞生了，他的名字将在人类历史上永垂千古。他就是卡尔·马克思。马克思在家里排行第三，后面还有六个弟弟妹妹。你或许会觉得，这么多孩子会让他们的父母分身乏术，实则不然，马克思的父亲非常关注每一个孩子的教育问题。正因如此，虽然马克思的学习成绩并不突出，但他却有机会接触当时许多哲学家的思想。后来他进入柏林大学学习法律和哲学。20 岁后，他的人生发生了天翻地覆的变化。在校期间，他对政治产生了极大的兴趣，所以毕业后没有从事与专业相关的工作，而是踏入了新闻行业，做了一名编辑。后来发生了两件事，改变了马克思的人生轨迹：一是他与恋人燕妮结婚，两人共育有七个孩子；二是 26 岁那年，他结识了恩格斯，两人成了终生的挚友。恩格斯协助他完成了多篇政治文章，还经常在经济上资助他。他们共同成立了多个政治协会，创办了杂志。在生命的最后 20 年里，马克思生活在伦敦，完成了著作《资本论》。这本书的出版，为科学社会主义奠定了牢固的理论基础。

马克思潦草的手稿，只有妻子燕妮能够读懂。燕妮是马克思一生中最得力的助手。

马克思母亲的亲戚家族创立了著名的飞利浦公司。

《资本论》第一卷出版于1867年，至今仍十分畅销。

马克思的母亲来自犹太人家庭。不过在那个年代，身处普鲁士王国，他们不愿承认自己是犹太人，因为犹太人非常受歧视。因此，马克思的父亲放弃了全家犹太人的身份，成了基督新教教徒。这样一来，他们就能避免各种麻烦。

制出显微镜的布料行家：安东尼·范·列文虎克

安东尼·范·列文虎克是家里五个孩子中唯一的男孩。他早年丧父，由叔叔抚养长大。他只上过小学，早早就出来赚钱了。叔叔把他介绍到一家布店上班，他做得很好，成了一名布料行家。也就是从这时开始，列文虎克接触到了生物学。干布料一行的人都会用类似放大镜的小镜子观察布料的质量，看看纺线织得好不好。不过列文虎克觉得这小镜子还不行，为了看得更清楚，他又自己做了一个。这个仪器不仅能看清布料，还能看清很多其他的东西。当时普通的透镜只能放大20 ~ 30倍，而他的透镜能放大200多倍。人们甚至说他还制作了一个能放大500倍的镜子。

列文虎克在检查布料的时候，还发现了一个当时未知的世界。他观察到了许多微生物和单细胞生物，并将它们全部记录下来。他给英国皇家学会写了500多封信，其研究成果轰动了英国学术界。84岁时，这个只是小学毕业的人获得了鲁汶大学授予的金质奖章。列文虎克一直致力于布料和生物研究，直到91岁去世。

列文虎克一生制造了超过400种不同的显微镜，其中几种至今仍有人使用。

除了布料和生物，列文虎克还有其他的兴趣。近40岁时他拿到了相关的资格证书，做了一名测量员；他还受到市长的指派，做过外交事务专员。

微生物学是生物学的分支学科之一，研究各类微小生物生命活动规律和生物学特性。
荷兰
代尔夫特
安东尼·范·列文虎克
出 生 地：代尔夫特
出生国家：荷兰
出生日期：1632 年
身　　份：微生物学家、布商

画工了得的发明家：达·芬奇

达·芬奇一出生就失去了母亲，由爷爷奶奶一直抚养到 14 岁。他们去世以后，达·芬奇来到佛罗伦萨跟父亲生活，结识了绘画大师韦罗基奥。在他的引导下，达·芬奇爱上了绘画。跟着这位老师，达·芬奇进行了多方面的学习，包括绘制肖像、人体解剖，以及弹奏七弦琴。达·芬奇进步很快，画画水平突飞猛进，七弦琴也弹得很好。

达·芬奇对自然科学和工程学也很感兴趣，尤其着迷于飞行机械。他绘制了许多飞行机械设计图，如降落伞、滑翔机和直升机。他还设计了一些机械装置，比如靠蒸汽驱动的大炮（或者说是坦克）、巨型弓、潜艇等。他设计的潜艇可以从水面上获取空气，在水下航行，并且从水下破坏敌人的船只。不是所有人都有机会设计这些东西，完成自己的艺术作品，而达·芬奇是个幸运的人，因为他得到了米兰公爵的资助和支持。达·芬奇一生致力于机械发明和绘画创作，直至 67 岁去世。他的杰出成就足以使他成为举世闻名的天才人物。

意大利
佛罗伦萨

达·芬奇
出 生 地：佛罗伦萨
出生国家：意大利
出生日期：1452 年
身 份：画家、发明家、工程师、数学家

《蒙娜丽莎》和《最后的晚餐》是达·芬奇著名的画作。

著名的画家、雕塑家、建筑师、诗人米开朗琪罗也出生于佛罗伦萨。他的雕塑代表作《大卫》，现已成为这个城市的象征。他最著名的绘画作品是《创造亚当》。

达·芬奇写下了约 13000 页的笔记，为了防止内容被他人剽窃，这些手稿全部采用镜像字书写，我们只能通过镜子来阅读。

科尔多瓦

拉布娜
出 生 地：科尔多瓦
出生日期：984 年
身　　份：数学家、语言学家

伊本·路西德也来自科尔多瓦，他在天文学、医学、物理学、数学、地理学和哲学领域都有重要作品。

当时，很多女性都在倭马亚王朝身居要职。科尔多瓦的法蒂玛（北非）女人拉布娜就是其中一员，她是著名的图书馆馆长。为了搜集书籍，拉布娜曾经去往巴格达、开罗和大马士革，这在当时可不是一件容易的事情。她用了几个月的时间完成了这次旅行，用数匹骆驼载满书籍回到科尔多瓦。在她的努力下，科尔多瓦皇家图书馆的藏书达到了一万余卷。

数学与文学修养兼具：拉布娜

公元10世纪，科尔多瓦是文化与科学发展中心。这里图书馆众多，集聚了当时世界上最有名的科学家。人们不论走到哪里，谈论的都是有关科学和书籍的内容。984年，拉布娜就出生在这里。不过她一出生就是奴隶身份。别担心，这不是一个悲伤的故事！拉布娜智慧过人、努力勤奋，是当时最重要的学者之一。她曾经入职于安达卢西亚王宫，跟随这里的学者学习了很多东西，成长为一名独立自由的女性。她热爱科学，善于钻研，深受他人的爱戴和尊敬。她的文学水平也很高。她喜欢的诗，人人都爱读。她自己也创作了不少作品。由于她擅长写作，哈里发提拔她担任秘书长一职。

她将大部分业余时间都花在图书馆里，做了大量研究。她将很多数学著作翻译成阿拉伯语，并加入了自己的见解，这些著作来自一些伟大的数学家，像欧几里得、阿基米德等。拉布娜精通数学，很多别人解不开的谜题或方程，她都能轻松解决，并且还能把解题方法教给大家。她会以寓教于乐的方式，把自己的数学知识教给路边遇到的小孩子。在科尔多瓦，孩子们只要看到她，就会围上去，一直跟着她走到王宫为止。或许在这些孩子当中将来也不乏科学家呢，谁知道呢？

意大利
博洛尼亚

伽利尔摩·马可尼
出 生 地：博洛尼亚
出生国家：意大利
出生日期：1874 年
身　　份：发明家、物理学家

不想上学的科学家：伽利尔摩·马可尼

伽利尔摩·马可尼从小就是妈妈的跟屁虫。他不喜欢上学，整天跟在妈妈后面，听她讲科学名人的故事。他特别希望自己有一天也能成为这样的人。可爸爸却不这么认为，总是说："一个不喜欢上学的孩子怎么能成为科学家呢？"只有妈妈相信他，每当马可尼因为做实验打碎盘子的时候，妈妈从来不生气。

20 岁后，马可尼做出了自己的发明，可父子之间的紧张关系一直没有缓和，直到这些发明的重要性显现出来时，爸爸才相信他。从那以后，家里开始资助他，让他一心在实验室做实验，这成了他人生的转折点。通过多次试验，马可尼首次将无线电信号传送到九米之外。马可尼非常热爱自己的事业，雄心勃勃，他希望能更进一步，把信号传送到千里之外，传送到大洋彼岸。在家中这小小的实验室里，他研究的这项成果实际上就是无线电通信。马可尼走访了多个国家，为自己的发明做宣传。

世界上最早建立的广播公司之一BBC（英国广播公司）由几大财团共同出资成立，其中就包括马可尼创立的公司。

马可尼还做过雷达系统方面的试验，不过尚未完成他就去世了。

1909 年，马可尼因为无线电通信获得了诺贝尔物理学奖。

马可尼去世时，全球的无线电信号静默两分钟，向他致敬。

波兰
华沙
玛丽·居里
出 生 地：华沙
出生国家：波兰
出生日期：1867 年
身 份：物理学家、化学家
1903 年，玛丽·居里获得博士学位，成为巴黎大学的第一位物理学女博士。
84 Po
钋
玛丽·居里的其中一项成就是发现了一种化学元素，其放射性比铀要强得多。为了纪念她的祖国波兰，这种元素被命名为“钋”。

为科学献身的女性：玛丽·居里

1867年，玛丽出生于波兰华沙。在那个年代，女性受教育的机会不多，更别提上大学了。但玛丽曾就读于女子学校，并且以优异的成绩毕业。她有个姐姐，也很聪明，二人希望能到巴黎去上大学。姐姐首先实现了梦想，来到巴黎学医，这期间玛丽一直做女佣赚钱，供姐姐上学。在姐姐的支持下，玛丽也远赴巴黎，就读于巴黎大学，最终拿到了博士学位。她原本打算考取教师资格证书，回到家乡从事教育工作，但这时她结识的一位先生改变了她的人生轨迹。这个人就是皮埃尔·居里。跟玛丽一样，皮埃尔也是物理学家，同时研究化学。二人经常在一起工作，很快就产生了感情，走进了婚姻的殿堂。从这时起，人们就称呼她为玛丽·居里，世称“居里夫人”。她开始同丈夫和朋友一起研究放射性现象和放射性元素。玛丽凭借自己在物理学和化学领域的成就，先后两次被授予诺贝尔奖，成为两获诺贝尔奖的第一人。不过，她也因此付出了健康的代价。由于长期接触放射性元素，她患上了白血病，1934年在法国去世。玛丽·居里无愧是“为科学献身的女性”。

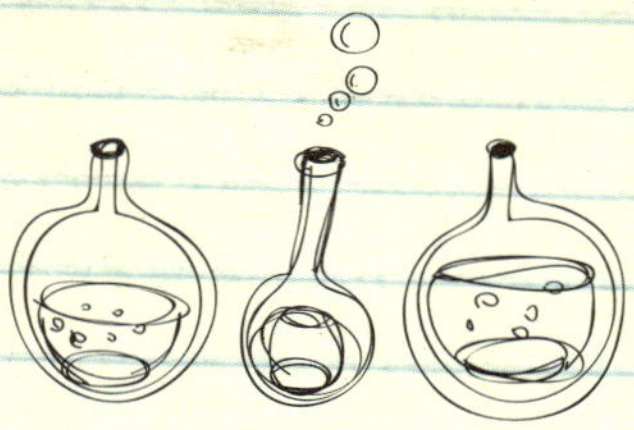

玛丽·居里对放射性元素的研究对人类医学的发展具有重要意义。在此基础上发展起来的放射疗法能有效治疗癌症，而且已经临床应用多年。

1911年的一次会议，聚集了当时所有重要的化学家和物理学家，其中包括爱因斯坦，而玛丽·居里是与会的唯一女性。

英国
莱姆里杰斯

玛丽·安宁
出 生 地：莱姆里杰斯
出生国家：英国
出生日期：1799 年
身　　份：自然探索家、化石挖掘专家

人们以前以为这些化石是巨人和龙的遗骸。

英国自然历史博物馆里的鱼龙化石目前仍然以“玛丽的化石”这个名字展出。

发现鱼龙化石的女孩：玛丽·安宁

玛丽·安宁出生于英国的一个海滨小城。她家境贫困，父亲平时会到海滩上捡拾贝壳和有价值的石头售卖，这是他谋生的唯一方式。当然，他并不知道他捡拾的东西中有一些古代动物化石，更无从知道它们的特殊价值。对他来说，这些东西能用来养家糊口就已经很好了。不幸的是，父亲去世了，好在他把捡拾的诀窍教给了妻子和女儿。小小年纪的玛丽就拿着锤子和袋子来到海滩上，仔仔细细地寻找自己想要的东西。12 岁那年，玛丽发现了鱼龙化石，并把它交给了科研人员。经过鉴定，这具化石属于一种生活在约 2 亿年前的海洋爬行动物。人们根据玛丽的发现，又找到了第一批恐龙化石。

随着欧洲对化石的研究越来越热，购买化石的顾客也越来越多，这给玛丽家带来了不少收入。玛丽成了真正的化石挖掘专家，她将英国南部的海滩彻彻底底地搜索了一遍。她搞清了哪种化石属于哪种动物，并画出了这些动物，必要的时候还对化石做了复原。尽管没有受过相关的专业训练，但是自学成才的玛丽，为化石的发现与研究做出了巨大的贡献。

我们可以根据化石追溯恐龙及其他动植物的历史。

化石是数百万年前死去的动植物的遗骸埋藏在地层中，历经沧桑巨变形成的。

宫廷艺术大师：马特拉齐·拿苏

青少年时期的拿苏正好生活在奥斯曼帝国最繁盛的阶段。他曾为多任苏丹效力，包括塞利姆一世、塞利姆二世和苏莱曼一世。他出生于当时奥斯曼帝国的维索科，不过很小的时候就开始在奥斯曼帝国王宫里读书。这里培养了很多杰出人物，拿苏就是其中之一。拿苏写得一手好诗，具有很高的文学素养，也很擅长书法。他的书法影响了当时整个奥斯曼帝国。

30 岁以后，拿苏凭借自己在几何和数学领域的建树成为宫廷重臣，并就此完成了两部著作。他还擅长细密画，颇有自己的风格。尤其是在画类似地图的细密画时，他不是采用俯瞰视角，而是从正面视角来绘制。有时拿苏还会在绘画中融入历史故事，将科学、文学和艺术巧妙地结合在一起。

拿苏发明了一种叫作“马特拉克”的军事演习方法。

维索科

马特拉齐·拿苏
出 生 地：维索科
出生日期：1480 年
身　　份：细密画艺术家、书法家、历史学家、数学家、军事战略专家

书法家是以书写见长的艺术家。当时人们将芦苇秆的一端斜向削尖，然后蘸取墨水，用来书写阿拉伯字母和拉丁字母。

苏莱曼一世执政时期，拿苏曾加入海军，同巴巴罗萨·海雷丁并肩作战。他们到过的所有港口，拿苏都绘制了下来。

英国
林肯郡

艾萨克·牛顿
出 生 地：林肯郡
出生国家：英国
出生日期：1643 年
身　　份：物理学家、数学家、天文学家、哲学家

“柏拉图是我的朋友，亚里士多德是我的朋友，但真理是我最好的朋友。”这是牛顿的名言之一。

同爱因斯坦一样，牛顿也是物理学界首屈一指的人才。

牛顿最著名也最有影响力的理论之一是牛顿运动定律。

被苹果改变的人生：艾萨克·牛顿

众所周知，牛顿是被苹果砸中的天才。他出生之前，父亲就去世了，三岁的时候，母亲又丢下了他。他只能同外祖母生活在一起，上学读书。牛顿学过一段时间的希腊语和拉丁语，后来进入剑桥大学三一学院学习数学。正是这些数学知识为他将来在高等数学领域做出杰出成就打下了坚实的基础。在此期间，他阅读了大量哲学书籍，包括亚里士多德、柏拉图和笛卡儿的著作。然而，在他看来，要想探索自然界的真理，观察实践远比纸上谈兵来得重要。

1665年，伦敦暴发瘟疫，学校全部停课。这正好给了牛顿一年的时间到大自然中走一走，看一看。有一次，他坐在苹果树下，一只落到他头上的苹果启发他发现了万有引力。这是大家都知道的牛顿被苹果砸中的故事，可是即使苹果没有落到他的头上，他也会根据自己看到的一切发现万有引力的。

正是因为牛顿善于观察，积累了丰富的实践经验，他最终在光学领域有了开创性的研究。他发现，当光线经过小孔射入黑暗的房间时，假如受到棱镜的折射，就能分解成几种不同颜色的光，这就是光谱。由此他得出结论，白光是由不同颜色的光构成的。

牛顿还发明了一种望远镜，这与当时其他的望远镜有很大差别。他利用镜面代替透镜做望远镜的主镜，这种望远镜体积更小，但观察效果更好，这要得益于他的光学研究。

瑞典
斯德哥尔摩

阿尔弗雷德·诺贝尔

出 生 地： 斯德哥尔摩

出生国家： 瑞典

出生日期： 1833 年

身　　份： 化学家、工程师、发明家

诺贝尔基金会每年都会向在物理学、化学、生理学或医学、文学、经济学（1968 年增设）领域，以及和平事业中对人类做出重大贡献的人颁发奖金。

为了研制炸药，在实验室里做研究的过程中，诺贝尔还发明了许多其他的东西，其中包括人造皮革、丝制品和人造橡胶等，一生拥有 355 项发明专利。他于 1896 年离世，享年 63 岁。

引爆世界的科学家：阿尔弗雷德·诺贝尔

1833 年，阿尔弗雷德·诺贝尔出生于瑞典，他的父亲是工程师，也是发明家。同年底，父亲遭遇破产，变得一无所有。全家人被迫离开瑞典，远走他乡。他们先到了芬兰，之后又去了俄国。对这个家庭来说，这似乎是一场灾难，而诺贝尔却因祸得福。每到一个地方，他都有机会接受当地的教育。父亲在圣彼得堡谋得职位后，就把家人都接了过去。父亲开始关注孩子们的教育问题，他请了家庭教师，专门给孩子们上课。17 岁时，诺贝尔已经掌握了俄语、英语、法语、德语和瑞典语等多种语言。

在父亲的支持下，诺贝尔远渡重洋，学习不同国家的文化，结识当地的科学人士。在此期间，他接触到了一种化学成分——硝化甘油。回到瑞典，他就对此展开了研究。他想利用硝化甘油制作威力强大的炸药，为了避免伤及他人，他搬到了郊区继续研究。在研究如何控制硝化甘油的爆炸时，他发明了雷管的引爆，还利用硅藻土做掺合剂以保证硝化甘油的安全运输和使用，后又用火药棉与硝化甘油混合，制成更安全而威力更大的炸药。炸药的发明给他带来了巨大的经济回报。当时很多国家都想要这种炸药，它不仅可以用在军事战争中，修路建桥也必不可少，体积庞大的岩石或其他障碍，都要靠炸药来炸除。直到今天，很多挖洞工程和山路、大型隧道的建设都离不开炸药。

阿尔弗雷德·诺贝尔的离世引起了巨大的震动。他生前希望将自己的大部分资产作为基金设立诺贝尔奖，颁发给奖金获得者，并委托手下的两名年轻工程师帮他完成遗愿。他们于 1900 年成立了诺贝尔基金会。

发明计算器的数学家：布莱瑟·帕斯卡

1623 年，布莱瑟·帕斯卡出生于法国，家里有四个孩子，他排行第三。帕斯卡自幼丧母，父亲和姐姐们将他抚养长大。作为一名税务官员，父亲艾基纳精通数学，但他不想让儿子过早地学习数学，甚至规定全家人不准在家提“数学”这个词。那段时间，父亲主要教授帕斯卡拉丁语和希腊语。尽管如此，帕斯卡依然发现自己对数学很感兴趣。他一定是继承了父亲的数学天赋，年仅 12 岁就开始解决复杂的几何问题。父亲将这一切看在眼里，他将世界上最好的数学典籍送给儿子做礼物，那就是欧几里得的数学专著。

帕斯卡 16 岁就提出了新的数学命题，并且著书出版；19 岁时，他发明了一种计算器，为父亲提供便利；30 岁以后，他精通物理，并成为这一领域的权威。另外，他还一直致力于研究哲学、宗教和文学，直至 39 岁因病去世。帕斯卡对人类科学的发展做出了不朽的贡献，其中包括数学领域的帕斯卡三角形，以及物理学中的大气压强的定律，压强单位“帕斯卡”就是以他的名字命名的。

法国
克莱蒙费朗

布莱瑟·帕斯卡
出 生 地：克莱蒙费朗
出生国家：法国
出生日期：1623 年
身　　份：数学家、物理学家、哲学家

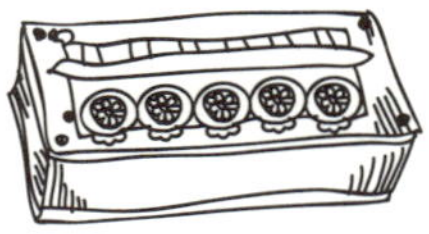

帕斯卡发明的第一个计算器叫加法器。帕斯卡对这个加法器做了多次改进，先后有大约 50 个版本。可由于他缺乏商业头脑，没有将自己的发明在市场上大规模推广。尽管如此，人们依然将加法器视为今天计算器的雏形。

微生物研究大咖：路易斯·巴斯德

1822 年，路易斯·巴斯德生于法国，是家里的独子。他的童年并不快乐，在学校的表现也很普通。但他从小就很努力，也很爱读书。父亲及其朋友承担起了教导他的责任。长大以后，巴斯德到大学当了一名物理老师。一位教授发现他工作特别勤奋，就让他做了自己的助理。这样一来，他就能一边赚钱，一边写博士论文。这是巴斯德人生的转折点。

31 岁那年，巴斯德发现某些食物是利用微生物的作用发酵制成的，比如面包、酸奶，还有奶酪。发现这一点后，他就开始留意周围所有的微生物——有益的、有害的，都是他关注的对象。他发明了巴氏消毒法为食物灭菌，让食物不易变质。这是保存食物的一种方法，就是将食物加热灭菌后再进行包装。今天，我们在牛奶瓶上仍然能够看到“巴氏灭菌”的字样。

巴斯德创办了巴斯德研究所，这个研究所致力于重要的科学研究，是世界著名的科研中心之一。

法国
多尔

路易斯·巴斯德
出 生 地：多尔
出生国家：法国
出生日期：1822 年
身　　份：微生物学家、化学家

巴斯德是一位合格的丈夫，也是一位温柔的父亲。他有五个孩子，其中三个在很小的时候死于伤寒。于是他开始研制疫苗，这些疫苗能够预防多种疾病，挽救了无数孩子的生命。

奥斯曼帝国苏丹阿卜杜勒·哈米德二世听说巴斯德研制出了狂犬病疫苗，专门给他颁发了奥斯曼帝国奖章和奖金。

雅典
柏拉图
出生地：雅典
出生日期：公元前 427 年
身　份：哲学家、天文学家、思想家

欧洲第一所固定学校的创办者：柏拉图

柏拉图出生于古希腊雅典，家境富裕，地位显赫。他聪慧过人、刻苦努力，跟随当时最好的老师学习语言、音乐和体育。之后又师从赫拉克利特的学生克拉底鲁学习哲学，另外他也非常热爱数学。他最喜欢的老师是苏格拉底。柏拉图 20 岁时从学于苏格拉底，但苏格拉底后因为无端的指控被判处死刑。为了给老师申冤，柏拉图写了一本很有名的书，叫《苏格拉底的申辩》。之后，他开始四处游历，途中学习了几何、哲学和天文学。柏拉图认为，世界上发生的一切都可以用几何来解释。柏拉图 40 岁时回到雅典，开办了欧洲第一所固定学校——柏拉图学园（Academy）。英语中的大学“学院”一词就是从这个词而来的。柏拉图在这里从事教学工作，直至去世。

柏拉图举止优雅，道德高尚。对他来说，色彩、音乐、服饰、食物都要搭配合理、赏心悦目才行。

柏拉图在天文学领域也有一定的建树。他是最早认为地球是个球体的人之一。在他看来，星球都有完美的运行轨迹，这是上帝的杰作。

英国
沃里克郡

威廉·莎士比亚
出 生 地：沃里克郡
出生国家：英国
出生日期：1564 年
身　　份：诗人、演员、剧作家

“生存还是毁灭，这是个值得思考的问题。”这是莎士比亚的经典名言，出自戏剧《哈姆雷特》。

莎士比亚也是一位优秀的演员。据说他曾经扮演过《哈姆雷特》中的鬼魂。

莎士比亚的词汇量有 2 万 ~3 万个。他还为英语增添了 3000 个新词。

与文字共舞：威廉·莎士比亚

威廉·莎士比亚出生在英国一个大家庭，家里有八个孩子。父亲从商，母亲操持家务。家里孩子多，父母无暇给他什么特别的教育，就把他送到附近的学校读书。这所学校特别重视语法的教学，这为莎士比亚未来的发展打下了良好的基础。

30 岁时，莎士比亚成了一名剧作家，创作了大量的诗歌和戏剧，成为一个里程碑式的人物。今天，每当我们谈及英国文学，首先想到的就是他。在职业生涯初期，莎士比亚主要创作喜剧和历史剧。慢慢地，他的写作风格逐渐变得忧郁。他也会在自己的戏剧中扮演一些小角色。莎士比亚一生创作了 37 部戏剧，以及大量的诗歌，其中最著名的剧作包括《罗密欧与朱丽叶》、《麦克白》和《李尔王》。

莎士比亚在伦敦声名赫赫，但他选择回到家乡，回归家庭，过着富足的生活。

让电流进千家万户：尼古拉·特斯拉

尼古拉·特斯拉出生在当时奥地利帝国的一个小城。与同龄的孩子相比，他是与众不同的。在其他孩子喜欢玩球的年纪，他却喜欢修理坏了的机器。这种爱好促使他后来学了机械工程。特斯拉曾在电报局做过办事员，但跟爱迪生一样，特斯拉也希望将自己的发明展示给世人，于是他加入了爱迪生的公司，担任公司一些项目的总工程师。可是爱迪生对他并没有那么看重，觉得他只是一个工程师而已，这让特斯拉难以接受。于是他从这里辞职，开办了自己的公司。

从那之后，特斯拉在自己的实验室里取得了多项研究成果，在电流方面的成就使他一举成名。我们现在可以远距离发电，再输送到家，就得益于特斯拉的交流电力传输系统。不幸的是，超负荷的工作给他带来了精神上的问题。87 岁那年，工作狂特斯拉去世了，临终尚有许多未能实现的梦想。

特斯拉还实现了无线电能量传输。虽然这在当时没有体现出重要性，可在今天，很多设备就利用了这种技术，而特斯拉的成果要比这早 100 多年。

斯米利扬

尼古拉 · 特斯拉
出 生 地：斯米利扬
出生日期：1856 年
身　　份：电气工程师

特斯拉首次进行了远距离无线电传输试验。

特斯拉制造的电动机能够产生高压电流，这种电流也被称为“特斯拉电流”。

特斯拉研制了世界上首批能够同时同速转动的钟表。

就像其他的阿拉伯医学家一样，宰赫拉威阅读并借鉴了很多古希腊和古罗马的医学著作。

宰赫拉威是第一个发现了血友病遗传特性的医生。

发明手术器械的医生：宰赫拉威

宰赫拉威出生于倭马亚王朝安达卢西亚的首府科尔多瓦。他兴趣广泛，尤其热爱哲学，不过最终还是决定学医。他不仅为达官显贵服务，还会亲自上门照料贫穷病患，特别热爱自己的工作。因此，到他家来求医问药的人总是络绎不绝。宰赫拉威从医经验丰富，多种疾病都由他首次诊断得出。人们称其为“现代外科学之父”一点儿也不为过，因为他发明的手术器械和手术方法一直沿用至今。他可谓现代医学的先驱。凭借自己50年的临床经验，他写成了一部长达30卷的医学著作《医学宝鉴》。在之后的500年里，这部著作成了西方学医者的重要资料。书中介绍了200多种医疗器械，并配有插图，还包括相关疾病的症状和治疗方法。

宰赫拉威的书里还包含了一些育儿章节。